财政部规划教材
全国财政职业教育教学指导委员会推荐教材
全国中等职业学校财经类教材

会计基本技能（第三版）
实训与练习

黎旭坚　主编

中国财经出版传媒集团
中国财政经济出版社

图书在版编目（CIP）数据

会计基本技能（第三版）实训与练习/黎旭坚主编．—3 版．—北京：中国财政经济出版社，2018.6

财政部规划教材　全国财政职业教育教学指导委员会推荐教材　全国中等职业学校财经类教材

ISBN 978-7-5095-8290-9

Ⅰ.①会…　Ⅱ.①黎…　Ⅲ.①会计学-中等专业学校-习题集　Ⅳ.①F230-44

中国版本图书馆 CIP 数据核字（2018）第 115193 号

责任编辑：张　军　　　　　　责任校对：徐艳丽
封面设计：构远设计

中国财政经济出版社 出版

URL：http：//www.cfeph.cn

E-mail：cfeph@cfeph.cn

（版权所有　翻印必究）

社址：北京市海淀区阜成路甲 28 号　邮政编码：100142
营销中心电话：010-88191537　北京财经书店电话：64033436　84041336
北京鑫海金澳胶印有限公司印装　　各地新华书店经销
787×1092 毫米　16 开　12.5 印张　300 000 字
2018 年 7 月第 3 版　2021 年 8 月北京第 4 次印刷
定价：30.00 元
ISBN 978-7-5095-8290-9
（图书出现印装问题，本社负责调换）
本社质量投诉电话：010-88190744
打击盗版举报热线：010-88191661　QQ：2242791300

编写说明

本书是财政部规划教材、全国财政职业教育教学指导委员会推荐教材,由财政部教材编审委员会组织编写并审定,作为全国中等职业学校财经类教材使用。

本书是《会计基本技能(第三版)》教材的配套实训与练习。

本书中各实训练习内容和要求紧扣教材内容,实训练习涉及的知识点、重点和难点及要求,较好地与教材内容的难易程度相衔接。按照会计基本技能课程的教学要求,突出体现培养技能型人才的特点,着力培养学生掌握适应各种经济业务特点的计算方法与操作技巧;使学生掌握中级专门人才所必需的会计数字书写、电子计算工具的操作与使用、点钞与验钞、会计资料的整理与装订、会计计算与实务操作等会计基本技能和专业基础知识,为学生适应职业变化和继续学习打下良好的基础。

本书中的每一实训均体现了培养和锻炼学生的自学能力、理解能力及实际动手操作能力的主旨。通过模拟实训,使学生掌握扎实的会计基本技能知识和较强的实际操作技能,帮助他们增强学好《会计基本技能》课程的信心,力求为他们营造更加生动直观的学习氛围,提高学习的兴趣。

本书语言精练,讲解透彻,通俗易懂,活动实例充实,强化实践训练,重视能力培养,表现形式活泼多样,充分发挥学生的主体作用,便于学生理解和掌握;可作为财政、审计、税务、统计、商务、金融、贸易、营销等专业的学历教育使用,也可作为各种在职财会人员继续教育和岗前培训配套用书。

本书由广西梧州财经学校高级讲师黎旭坚主编,负责制定提纲目录和编写全部实训练习,并对全书总纂定稿。

用书学校任课老师若需要本《实训与练习》的答案,请以电子邮件的形式向中国财政经济出版社索取,E-mail: caijingjiaocai@163.com。

本书在编写过程中,得到了有关学校的大力支持,在此我们表示诚挚的谢意。

由于编写时间仓促,编写水平有限,书中疏漏与不足之处在所难免,恳请专家和同仁及广大读者批评指正,以便在使用中不断修改完善。

编　者

2018年5月

目 录

第一篇 会计数字和文字书写技能 …………………………………………………（1）
实训一 阿拉伯数字书写实训 ………………………………………………（1）
实训二 汉字大写数字书写实训 ……………………………………………（9）
实训三 支票和发票等重要票据日期的书写实训 …………………………（23）
实训四 大小写金额数字读写实训 …………………………………………（25）
实训五 大小写金额数字书写转换实训（一）……………………………（28）
实训六 大小写金额数字书写转换实训（二）……………………………（30）
实训七 大小写金额数字书写转换实训（三）……………………………（32）
实训八 大小写金额数字书写转换实训（四）……………………………（34）
实训九 会计数字书写综合实训（一）……………………………………（36）
实训十 会计数字书写综合实训（二）……………………………………（55）
实训十一 会计数字书写综合实训（三）…………………………………（74）
实训十二 会计数字书写错误订正实训（一）……………………………（91）
实训十三 会计数字书写错误订正实训（二）……………………………（94）
实训十四 会计数字书写错误订正实训（三）……………………………（97）
实训十五 会计科目和会计摘要书写实训 ………………………………（100）

第二篇 电子计算工具的操作与应用技能 ……………………………………（103）
实训十六 小键盘和计算器数字盲打实训（一）…………………………（103）
实训十七 小键盘和计算器数字盲打实训（二）…………………………（104）
实训十八 电子收银机操作实训 …………………………………………（105）

第三篇 点钞与验钞操作技能 …………………………………………………（107）
实训十九 手工点钞操作实训 ……………………………………………（107）
实训二十 "手持式单指单张点钞法"比赛 ……………………………（109）
实训二十一 "手持式多指多张点钞法"比赛 …………………………（110）
实训二十二 "手按式单指单张点钞法"比赛 …………………………（112）
实训二十三 "手按式多指多张点钞法"比赛 …………………………（113）
实训二十四 机器点钞操作实训 …………………………………………（114）

实训二十五　人工鉴别人民币真伪实训 ……………………………………… (115)
　　实训二十六　机器鉴别人民币真伪实训 ……………………………………… (120)

第四篇　会计资料的整理和装订技能 ……………………………………………… (122)
　　实训二十七　原始凭证整理实训 ………………………………………………… (122)
　　实训二十八　会计凭证装订实训 ………………………………………………… (123)

第五篇　会计计算基本操作技能 …………………………………………………… (124)
　　实训二十九　珠算拨珠指法操作实训 …………………………………………… (124)
　　实训三十　　珠算基本加法操作实训 …………………………………………… (129)
　　实训三十一　珠算基本减法操作实训 …………………………………………… (133)
　　实训三十二　珠算乘法操作实训 ………………………………………………… (138)
　　实训三十三　一位数除法操作实训（一） ……………………………………… (140)
　　实训三十四　一位数除法操作实训（二） ……………………………………… (142)
　　实训三十五　多位数除法操作实训（一） ……………………………………… (143)
　　实训三十六　多位数除法操作实训（二） ……………………………………… (145)
　　实训三十七　珠算除法简捷算法操作实训（一） ……………………………… (146)
　　实训三十八　珠算除法简捷算法操作实训（二） ……………………………… (148)
　　实训三十九　珠算除法简捷算法操作实训（三） ……………………………… (149)
　　实训四十　　珠算等级鉴定比赛 ………………………………………………… (150)

第六篇　会计计算实务操作技能 …………………………………………………… (165)
　　实训四十一　珠算翻打传票操作实训 …………………………………………… (165)
　　实训四十二　珠算翻打传票比赛 ………………………………………………… (166)
　　实训四十三　小键盘翻打传票比赛 ……………………………………………… (169)
　　实训四十四　计算器翻打传票比赛 ……………………………………………… (171)
　　实训四十五　小键盘和计算器翻打传票实训 …………………………………… (173)
　　实训四十六　小键盘和计算器翻打传票实训比赛 ……………………………… (175)
　　实训四十七　珠算和小键盘账表算实训 ………………………………………… (178)
　　实训四十八　珠算、小键盘及计算器账表算比赛 ……………………………… (181)
　　实训四十九　珠算、计算器及小键盘票币计算比赛 …………………………… (185)
　　实训五十　　小键盘和计算器票币计算比赛 …………………………………… (188)

第一篇 DIYIPIAN

会计数字和文字书写技能

实训一 阿拉伯数字书写实训

一、实训目标

在填制原始凭证、编制记账凭证、登记账簿和编制财务报表的会计业务处理过程中，会计人员必须书写阿拉伯数字。实训的目的是使学生掌握阿拉伯数字的标准写法，做到书写规范、清晰、流畅、美观。

二、实训内容

训练阿拉伯数字的书写：
1. 训练阿拉伯数字按顺序书写。
2. 训练阿拉伯数字不按顺序书写。

三、实训资料

1. 阿拉伯数字：1，2，3，4，5，6，7，8，9，0。
2. 阿拉伯数字标准规范书写字样见表1-1。

表1-1

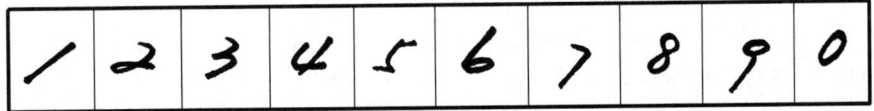

四、实训指导

阿拉伯数字书写要求如下：
1. 书写规则。
（1）要规范、正确、清楚、整齐、美观、流畅、大小一致，不能擅自乱写。

（2）要一个一个地写，不要连写，也不能有回笔，大小要匀称，以便分辨。

（3）从高位写起，以后各位必须写完。

2. 书写顺序：笔画顺序应是自上而下，先左后右。

3. 书写角度：一律向左倾斜，大致与底线呈 45°~60°角。

4. 书写高度。

（1）书写每个数字时，数字底部都要紧贴横格底线书写，不要悬空在横格中间，其高度不超过全格的 1/2 的位置，这样既美观，又为改错更正数字留有余地。

（2）在高度上，除 6，7，9 数字外，其他数字要高低一致，"6"，"7"，"9"三个数字较特殊，其中，"6"上端比其他数字要略高出约 1/3，"7"和"9"下端比其他数字要低出约 1/3，而且底部要破底线。

（3）其余数字应高低一致。写"0"时不能有缺口，不能带"尾巴"；写"8"字时，上方不能开口；"4"的两竖要平行，顶部不封口。

五、实训准备

1. 财会专用笔或钢笔（用蓝黑或碳素墨水书写）。

2. 阿拉伯数字书写训练。

（1）阿拉伯数字按顺序书写训练（一）至（三）（见表 1-4 至表 1-6）。

（2）阿拉伯数字不按顺序书写训练（四）至（六）（见表 1-7 至表 1-9）。

六、实训程序

1. 根据实训资料和实训指导，按照标准写法在阿拉伯数字书写训练（一）至（六）中进行阿拉伯数字的书写训练，直至达到指导教师要求为止。

2. 阿拉伯数字字体要各自成形，大小匀称，排列整齐，字迹工整、清晰、流畅、美观，得到指导教师认可。

七、实训设计

1. 实训形式：要求单人独立完成。

2. 实训时间：建议 6 个学时。

3. 实训成绩：测试成绩单。

八、考核标准

（一）会计数字书写实训考核标准

阿拉伯数字书写实训考核标准见表 1-2。

（二）考核鉴定等级

考核鉴定等级见表 1-3。

表1-2　　　　　　　　　阿拉伯数字书写实训考核标准

班级_____　姓名_____　日期_____　成绩_____

考核项目	序号	考核标准及要求	每项分值	得分
阿拉伯数字书写训练	1	卷面整洁、清晰	20	
	2	数字工整	20	
	3	数字准确	20	
	4	书写规范、符合财会书写要求	20	
	5	无涂改、刮、擦、挖、补等	20	

表1-3　　　　　　　　　考核鉴定等级

等级标准	时间与得分	
	时间（分钟）	分数
初　级	15	60~70
中　级	15	71~85
高　级	15	86~95
能手级	15	96~100

表1-4　　　　　　　　　阿拉伯数字按顺序书写训练（一）

1	2	3	4
千百十万千百十元角分	千百十万千百十元角分	千百十万千百十元角分	千百十万千百十元角分
1234567890	1234567890	1234567890	1234567890

表1-5　　　　　阿拉伯数字按顺序书写训练（二）

1	2	3	4
千百十万千百十元角分	千百十万千百十元角分	千百十万千百十元角分	千百十万千百十元角分
1234567890	1234567890	1234567890	1234567890

表1-6　阿拉伯数字按顺序书写训练（三）

1	2	3	4
千百十万千百十元角分	千百十万千百十元角分	千百十万千百十元角分	千百十万千百十元角分
1234567890	1234567890	1234567890	1234567890

表1-7　　　　　　　阿拉伯数字不按顺序书写训练（四）

1	2	3	4
千百十万千百十元角分	千百十万千百十元角分	千百十万千百十元角分	千百十万千百十元角分
3567260	7584932	958426	1853675

6

表1-8　　　　　　阿拉伯数字不按顺序书写训练（五）

1									2									3									4								
千	百	十	万	千	百	十	元	角	分	千	百	十	万	千	百	十	元	角	分	千	百	十	万	千	百	十	元	角	分	千	百	十	万	千	百	十	元	角	分
			3	5	6	7	2	6	0				7	5	8	4	9	3	2					9	5	8	4	2	6				1	8	5	3	6	7	5

表1-9　　　　阿拉伯数字不按顺序书写训练（六）

1	2	3	4
千百十万千百十元角分	千百十万千百十元角分	千百十万千百十元角分	千百十万千百十元角分
3567260	7584932	958426	1853675

实训二　汉字大写数字书写实训

一、实训目标

熟练掌握汉字大写数字书写的标准写法,做到书写规范、流畅,字迹工整、清晰。

二、实训内容

训练汉字大写数字的书写。

三、实训资料

1. 汉字大写数字:壹、贰、叁、肆、伍、陆、柒、捌、玖、拾、零、佰、仟、万、亿、元、角、分、整。

2. 汉字大写数字行楷书参考字体如下:

壹 贰 叁 肆 伍 陆 柒 捌 玖 拾
零 佰 仟 萬 亿 元 角 分 整

四、实训指导

汉字大写数字的书写要求如下:

1. 汉字大写数字要以正楷或行书字体书写,不得连笔写。
2. 字体要各自成形,大小匀称,排列整齐,字迹要工整、清晰。
3. 汉字大写金额数字壹、贰、叁、肆、伍、陆、柒、捌、玖、拾、零、佰、仟、万、亿、元、角、分、整等,一律用正楷或行书书写,不得用一、二、三、四、五、六、七、八、九、十、〇等简化字代替,不得任意自造简化字,也不能混合使用。因其笔画少,虽便于书写,但更易于涂改。

五、实训准备

1. 财会专用笔或钢笔(用蓝黑或碳素墨水书写)。
2. 汉字大写数字书写训练见表2-3至表2-14。

六、实训程序

1. 根据实训资料和实训指导,按照给出范字的标准写法,在下列汉字大写数字书写训练练习中进行汉字大写数字书写训练。

2. 汉字字体要各自成形、大小匀称、排列整齐，字迹工整、清晰、流畅、美观，得到指导教师认可。

3. 每周进行汉字大写数字书写训练练习，直至达到指导教师要求为止。

七、实训设计

1. 实训形式：要求单人独立完成。
2. 实训时间：建议 10 个学时。
3. 实训成绩：测试成绩单。

八、考核标准

（一）会计数字书写实训考核标准

汉字大写数字书写实训考核标准见表 2 – 1。

表 2 – 1　　　　　　　　　汉字大写数字书写考核标准

班级_____　　姓名_____　　日期_____　　成绩_____

考核项目	序号	考核标准及要求	每项分值	得分
汉字大写数字书写训练	1	卷面整洁、清晰	20	
	2	文字工整	20	
	3	文字正确	20	
	4	书写规范、符合财会书写要求	20	
	5	无涂改、刮、擦、挖、补等	20	

（二）考核鉴定等级

考核鉴定等级见表 2 – 2。

表 2 – 2　　　　　　　　　考核鉴定等级

等级标准	时间与得分	
	时间（分钟）	分数
初　级	15	60～70
中　级	15	71～85
高　级	15	86～95
能手级	15	96～100

表2-3　　　　汉字大写数字书写训练1-1

壹				壹				壹			
贰				贰				贰			
叁				叁				叁			
肆				肆				肆			
伍				伍				伍			
陆				陆				陆			
柒				柒				柒			
捌				捌				捌			
玖				玖				玖			
拾				拾				拾			
零				零				零			
佰				佰				佰			
仟				仟				仟			
萬				萬				萬			
亿				亿				亿			
元				元				元			
角				角				角			
分				分				分			
整				整				整			

表 2-4　　　　汉字大写数字书写训练 1-2

壹			壹			壹		
贰			贰			贰		
叁			叁			叁		
肆			肆			肆		
伍			伍			伍		
陆			陆			陆		
柒			柒			柒		
捌			捌			捌		
玖			玖			玖		
拾			拾			拾		
零			零			零		
佰			佰			佰		
仟			仟			仟		
萬			萬			萬		
亿			亿			亿		
元			元			元		
角			角			角		
分			分			分		
整			整			整		

表 2-5　　汉字大写数字书写训练 1-3

壹				壹				壹			
贰				贰				贰			
叁				叁				叁			
肆				肆				肆			
伍				伍				伍			
陆				陆				陆			
柒				柒				柒			
捌				捌				捌			
玖				玖				玖			
拾				拾				拾			
零				零				零			
佰				佰				佰			
仟				仟				仟			
萬				萬				萬			
亿				亿				亿			
元				元				元			
角				角				角			
分				分				分			
整				整				整			

表 2-6　　　　　汉字大写数字书写训练 1-4

壹				壹				壹			
贰				贰				贰			
叁				叁				叁			
肆				肆				肆			
伍				伍				伍			
陆				陆				陆			
柒				柒				柒			
捌				捌				捌			
玖				玖				玖			
拾				拾				拾			
零				零				零			
佰				佰				佰			
仟				仟				仟			
萬				萬				萬			
亿				亿				亿			
元				元				元			
角				角				角			
分				分				分			
整				整				整			

表 2-7　　　　汉字大写数字书写训练 1-5

壹				壹				壹			
贰				贰				贰			
叁				叁				叁			
肆				肆				肆			
伍				伍				伍			
陆				陆				陆			
柒				柒				柒			
捌				捌				捌			
玖				玖				玖			
拾				拾				拾			
零				零				零			
佰				佰				佰			
仟				仟				仟			
萬				萬				萬			
亿				亿				亿			
元				元				元			
角				角				角			
分				分				分			
整				整				整			

表 2–8　　　汉字大写数字书写训练 1–6

壹				壹				壹			
贰				贰				贰			
叁				叁				叁			
肆				肆				肆			
伍				伍				伍			
陆				陆				陆			
柒				柒				柒			
捌				捌				捌			
玖				玖				玖			
拾				拾				拾			
零				零				零			
佰				佰				佰			
仟				仟				仟			
萬				萬				萬			
亿				亿				亿			
元				元				元			
角				角				角			
分				分				分			
整				整				整			

汉字大写数字书写训练 2-1

壹	贰	叁	肆	伍	陆	柒	捌	玖	拾
壹	贰	叁	肆	伍	陆	柒	捌	玖	拾
壹	贰	叁	肆	伍	陆	柒	捌	玖	拾
壹	贰	叁	肆	伍	陆	柒	捌	玖	拾
壹	贰	叁	肆	伍	陆	柒	捌	玖	拾

表2-10　　　　　　　　汉字大写数字书写训练2-2

壹	贰	叁	肆	伍	陆	柒	捌	玖	拾
壹	贰	叁	肆	伍	陆	柒	捌	玖	拾
壹	贰	叁	肆	伍	陆	柒	捌	玖	拾
壹	贰	叁	肆	伍	陆	柒	捌	玖	拾
壹	贰	叁	肆	伍	陆	柒	捌	玖	拾

表 2-11　　　　　汉字大写数字书写训练 2-3

壹	贰	叁	肆	伍	陆	柒	捌	玖	拾
壹	贰	叁	肆	伍	陆	柒	捌	玖	拾
壹	贰	叁	肆	伍	陆	柒	捌	玖	拾
壹	贰	叁	肆	伍	陆	柒	捌	玖	拾
壹	贰	叁	肆	伍	陆	柒	捌	玖	拾

表 2-12　　　　汉字大写数字书写训练 2-4

壹	贰	叁	肆	伍	陆	柒	捌	玖	拾
壹	贰	叁	肆	伍	陆	柒	捌	玖	拾
壹	贰	叁	肆	伍	陆	柒	捌	玖	拾
壹	贰	叁	肆	伍	陆	柒	捌	玖	拾
壹	贰	叁	肆	伍	陆	柒	捌	玖	拾

表 2-13　　　汉字大写数字书写训练 2-5

壹	贰	叁	肆	伍	陆	柒	捌	玖	拾
壹	贰	叁	肆	伍	陆	柒	捌	玖	拾
壹	贰	叁	肆	伍	陆	柒	捌	玖	拾
壹	贰	叁	肆	伍	陆	柒	捌	玖	拾
壹	贰	叁	肆	伍	陆	柒	捌	玖	拾

表 2-14　　　　　　　汉字大写数字书写训练 2-6

壹	贰	叁	肆	伍	陆	柒	捌	玖	拾
壹	贰	叁	肆	伍	陆	柒	捌	玖	拾
壹	贰	叁	肆	伍	陆	柒	捌	玖	拾
壹	贰	叁	肆	伍	陆	柒	捌	玖	拾
壹	贰	叁	肆	伍	陆	柒	捌	玖	拾

实训三　支票和发票等重要票据日期的书写实训

一、实训目标

通过本实训，使学生熟练掌握凭证金额数字及日期大写的正确写法，正确书写支票、发票等重要票据的出票日期，以适应实际工作的需要。

二、实训内容

1. 训练支票出票日期的填写。
2. 训练开具发票日期的填写。

三、实训资料

1. 汉字大写数字：壹、贰、叁、肆、伍、陆、柒、捌、玖、拾、零。
2. 汉字大写数字行楷书参考字体如下：

壹 贰 叁 肆 伍 陆 柒 捌 玖 拾 零

四、实训指导

汉字大写数字的书写要求：与实训二同。

五、实训准备

1. 财会专用笔或钢笔（用蓝黑或碳素墨水书写）。
2. 支票和发票等重要票据出票日期书写训练（一）至（四）（见表3-1至表3-4）。

六、实训程序

采用会计规范的书写方法写出支票的签发大写日期，年份为2018年，请在支票和发票等重要票据书写训练练习中进行测试。

七、实训设计

1. 实训形式：要求单人独立完成。
2. 实训时间：建议2个学时。
3. 实训成绩：测试成绩单。

表 3-1　　　　　　　　支票和发票等重要票据出票日期书写训练（一）

序号	日期	汉字大写出票日期			
1	1月17日	出票日期	年	月	日
2	2月20日	出票日期	年	月	日
3	3月18日	出票日期	年	月	日
4	4月8日	出票日期	年	月	日
5	5月25日	出票日期	年	月	日
6	6月21日	出票日期	年	月	日
7	7月19日	出票日期	年	月	日
8	8月23日	出票日期	年	月	日
9	9月27日	出票日期	年	月	日
10	10月30日	出票日期	年	月	日
11	11月16日	出票日期	年	月	日
12	12月31日	出票日期	年	月	日

表 3-2　　　　　　　　支票和发票等重要票据出票日期书写训练（二）

序号	日期	汉字大写出票日期			
1	1月31日	出票日期	年	月	日
2	2月5日	出票日期	年	月	日
3	3月10日	出票日期	年	月	日
4	4月19日	出票日期	年	月	日
5	5月27日	出票日期	年	月	日
6	6月28日	出票日期	年	月	日
7	7月18日	出票日期	年	月	日
8	8月30日	出票日期	年	月	日
9	9月25日	出票日期	年	月	日
10	10月9日	出票日期	年	月	日
11	11月29日	出票日期	年	月	日
12	12月22日	出票日期	年	月	日

表 3-3　　　　　　　　支票和发票等重要票据出票日期书写训练（三）

序号	日期	汉字大写出票日期			
（一）	1月26日	出票日期	年	月	日
（二）	2月28日	出票日期	年	月	日
（三）	3月19日	出票日期	年	月	日
（四）	4月18日	出票日期	年	月	日
（五）	5月21日	出票日期	年	月	日
（六）	6月12日	出票日期	年	月	日
（七）	7月15日	出票日期	年	月	日
（八）	8月8日	出票日期	年	月	日
（九）	9月13日	出票日期	年	月	日
（十）	10月25日	出票日期	年	月	日
（十一）	11月30日	出票日期	年	月	日
（十二）	12月9日	出票日期	年	月	日

表 3-4　　　　　支票和发票等重要票据出票日期书写训练（四）

序号	日期	汉字大写出票日期			
（一）	1月20日	出票日期	年	月	日
（二）	2月18日	出票日期	年	月	日
（三）	3月16日	出票日期	年	月	日
（四）	4月29日	出票日期	年	月	日
（五）	5月31日	出票日期	年	月	日
（六）	6月30日	出票日期	年	月	日
（七）	7月28日	出票日期	年	月	日
（八）	8月5日	出票日期	年	月	日
（九）	9月17日	出票日期	年	月	日
（十）	10月23日	出票日期	年	月	日
（十一）	11月24日	出票日期	年	月	日
（十二）	12月6日	出票日期	年	月	日

八、考核标准

汉字大写数字书写考核标准同实训二。

实训四　大小写金额数字读写实训

一、实训目标

掌握大小写金额数字读法和书写技能，做到读数正确，书写规范、流畅。

二、实训内容

1. 大小写金额数字的书写规则。
2. 大小写金额数字读法。

三、实训资料

1. 阿拉伯数字：与实训一同。
2. 汉字大写数字：与实训二同。

四、实训指导

1. 阿拉伯数字书写要求：与实训一同。
2. 采用三位分节制。

（1）数字应利用国际通用的"三位分节制"，数字书写与数位相结合，数字书写与"三位分节制"相结合。

(2) 三位数与三位数之间要用分节号。

①分位点的位置在数字下边,不能写成"、";

②小数点的位置在数字中间向右下点,不能点成"。";

③写数的规则:"三位分节,整数开始,从右向左,三位一撇"。

3. 所有以元为单位的阿拉伯数字,除表示单位等情况外,一律填写到角分,无角分的,角分位可写"00",或者使用符号"-";有角无分的,分位应当写"0",不得以"-"符号代替。

4. 人民币符号"¥"的用法。

(1) 正确使用人民币符号"¥",即在填制凭证时,小写金额前须冠人民币符号"¥",金额之后不再写"元"。

(2) 数字须紧在人民币符号"¥"后面书写,在人民币符号"¥"与数字之间不得留有空位。

(3) 登记账簿和编制报表时,不能使用"¥"符号。

5. 数的读法。读数规则:"四位分级,每级千位,先读数字,后读数位"。

(1) 数字中没有零的,每读出一个数字,接着读出该数字的所在位数。

(2) 数字中间有零的,无论是几个零,都只读一个零,而不读出其所在位数。

(3) 数字末尾有零的,既不读零,也不读零所在的位数。

(4) 万以下的数字,每先读一个数字,然后再读出一个数位名称。

(5) 万以上的数只读一个"万"字。

(6) 壹拾几的"壹"字,一定要读出"壹"字来。

6. 汉字大写数字的标准写法。

(1) 汉字大写数字的书写要求与实训二同。

(2) 汉字大写金额中"整"字的用法如下:

①汉字大写金额数字到元或者角为止的,在"元"或者"角"字之后应当写"整"字或者"正"字。

②汉字大写金额数字有"分"的,"分"字后面不写"整"或者"正"字。

③对于数字尾部的"0",不管连续有几个,汉字大写到非零数位后用"整"字结尾,不需用"零"表示。

④整数收尾,没有角、分时,须加"整"字样。如¥200.00 写为:人民币贰佰元整;¥210.00 写为:人民币贰佰壹拾元整。

(3) 汉字大写金额中"零"和"壹"字的写法如下:数字中间有零时,汉字大写按照汉语语言规律、金额数字构成和防止涂改的要求进行书写。

①遇到两个或以上的"0"连在一起时,只需填写一个"零"即可。如¥605.89,应写为:人民币陆佰零伍元捌角玖分;¥8,007.90,应写为:人民币捌仟零柒元玖角整;¥350.76,应写为:人民币叁佰伍拾元柒角陆分或人民币叁佰伍拾元零柒角陆分;¥350.06,应写为:人民币叁佰伍拾元零陆分。

②壹拾几的"壹"字不得漏写。如¥15,000.80,应写为:人民币壹万伍仟元零捌角整;不可写为:人民币万伍仟元零捌角整;¥130,000.00,应写为:人民币壹拾叁万元整;

不可写为：人民币拾叁万元整。

（4）汉字大写是由数字和数位两部分组成，两者缺一不可。数字包括：零、壹、贰、叁、肆、伍、陆、柒、捌、玖；数位包括：拾、佰、仟、万、亿、兆等。数字和数位的书写一定要用规范字，切不可自造字，以防篡改。例如，将"零"写成"另"或"0"，用"毛"代替"角"，将"元"写成"园"等，都是不允许的。特别是行书，一定要符合公认的规范化笔画和笔顺。

（5）大写金额数字前未印有货币名称的，应当在大写金额前冠以货币或货物的名称。有固定格式的重要单证，大写金额栏一般都印有"人民币"字样，数字须紧跟在"人民币"后面书写，在"人民币"与数字之间不得留有空位。大写金额栏如没印"人民币"字样的，应加填"人民币"三字。如￥46.18，应写为：人民币肆拾陆元壹角捌分。

（6）不能漏字或写错，不能涂改。汉字大写数字漏字或写错，必须重新填写凭证。

（7）大小金额必须相符。

五、实训准备

1. 财会专用笔或钢笔（用蓝黑或碳素墨水书写）。
2. 会计数字书写训练，见表 4 - 1。
3. 会计数字读写训练，见表 4 - 2。

表 4 - 1　　　　　　　　　会计数字书写训练

序号	汉字大写金额数字	小写金额数字应写为
1	人民币陆仟柒佰零玖元整	
2	人民币捌仟陆佰伍拾肆万壹仟贰佰陆拾伍元整	
3	人民币叁仟零捌万柒仟零捌元伍角柒分	
4	人民币壹拾玖万伍仟玖佰捌拾贰元整	
5	人民币肆万玖仟捌佰伍拾柒元叁角伍分	
6	人民币捌亿伍仟陆佰玖拾万零柒仟陆佰叁拾贰元整	
7	人民币柒拾叁万玖仟捌佰零伍元陆角整	
8	人民币捌仟伍佰陆拾贰万肆仟陆佰捌拾伍元零贰分	
9	人民币柒万玖仟伍佰捌拾柒元整	
10	人民币壹拾捌万陆仟捌佰柒拾肆元叁角柒分	

表 4 - 2　　　　　　　　　会计数字读写训练

序号	阿拉伯数字	小写金额数字（加注分节号）	汉字大写数字的读法应读成
1	74589006.87		人民币
2	693400.90		人民币
3	26305009.08		人民币
4	10085006.80		人民币
5	80500950.00		人民币
6	75000537.45		人民币
7	18500000.00		人民币
8	324567890.00		人民币
9	9700502.00		人民币
10	62005003.67		人民币

六、实训程序

1. 写数训练。

（1）根据会计数字书写训练，在应读成的汉字大写金额数字栏中，写出小写金额数字，并加注三位一节分节号。

（2）要求按照标准写法进行小写金额数字的书写训练，书写规范、流畅、美观。

2. 读数训练。

（1）根据会计数字读写训练，在阿拉伯数字栏中，写出正确的小写金额数字。

（2）根据小写金额数字加注"三位一节"分节号后，写出应读成的汉字大写金额数字。

七、实训设计

1. 实训形式：要求单人独立完成。
2. 实训时间：建议 2 个学时。
3. 实训成绩：测试成绩单。

八、考核标准

会计数字书写实训考核标准见实训一、实训二。

实训五　大小写金额数字书写转换实训（一）

一、实训目标

掌握大小写金额数字标准写法，做到书写规范、清晰、流畅。

二、实训内容

大小写金额数字转换书写训练。

三、实训资料

1. 阿拉伯数字：与实训一同。
2. 汉字大写数字：与实训二同。
3. 2018 年 5 月份，库存现金和银行存款收付业务的发生额为：
   ①18.80；　　②3.08；　　③8050.03；　　④1058.60；　　⑤58750.38；
   ⑥867800.89；　⑦18000.08；　⑧205950004.78；　⑨85007.82；　⑩7805670.54

四、实训指导

1. 阿拉伯数字书写要求：与实训一同。

2. 汉字大写数字的书写要求：与实训二同。

五、实训准备

1. 财会专用笔或钢笔（用蓝黑或碳素墨水书写）；
2. 大小写金额数字转换书写训练（见表5-1）。

表5-1　　　　　　　　　大小写金额数字转换书写训练

序号	小写金额数字	汉字大写金额数字
1		
2		
3		
4		
5		
6		
7		
8		
9		
10		

六、实训程序

1. 根据实训资料1、2、3的库存现金和银行存款收付业务的发生额，在大小写金额数字转换书写训练中，填写小写金额数字栏。

（1）书写要求：要求按照标准写法进行小写金额数字的书写训练，书写规范、流畅、美观。

（2）其他要求：①小写金额前须冠人民币符号"￥"；②数字须紧跟在"￥"后面书写，在人民币符号与数字之间不得留有空位。

2. 根据大小写金额数字转换训练，在大写金额数字栏中写出汉字大写金额数字。

（1）书写要求：要求按照标准写法进行汉字大写金额数字的书写训练，书写要做到规范、流畅、美观。

（2）其他要求：①大写金额前须冠"人民币"符号"￥"；②数字须紧在"人民币"后面书写，在"人民币"与数字之间不得留有空位。

七、实训设计

1. 实训形式：要求单人独立完成。
2. 实训时间：建议2个学时。
3. 实训成绩：测试成绩单。

八、考核标准

会计数字书写实训考核标准见实训一、实训二。

实训六　大小写金额数字书写转换实训（二）

一、实训目标

掌握财会工作大小写金额的标准写法以及大小写转换技能，做到书写规范、清晰、流畅。

二、实训内容

大小写金额数字转换书写训练。

三、实训资料

1. 阿拉伯数字：与实训一同。
2. 汉字大写数字：与实训二同。
3. 2018 年 5 月份，库存现金和银行存款收付业务的发生额为：

（1）人民币壹拾陆万玖仟零捌元零捌分。
（2）人民币肆万伍仟叁佰零壹元柒角整。
（3）人民币玖仟捌佰伍拾玖万叁仟捌佰陆拾玖元贰角玖分。
（4）人民币捌佰柒拾伍元肆角玖分。
（5）人民币捌仟叁佰万零捌元叁角玖分。
（6）人民币柒万陆仟玖佰元整。
（7）人民币伍仟零捌元零陆分。
（8）人民币壹佰零捌万零玖佰零柒元零捌分。
（9）人民币伍仟玖佰柒拾捌万陆仟叁佰捌拾玖元肆角贰分。
（10）人民币柒仟零捌元零捌分。
（11）人民币捌仟伍佰零壹万零柒佰零叁元零玖分。
（12）人民币伍佰捌拾玖万陆仟零柒拾壹元零贰分。
（13）人民币叁万玖仟肆佰零陆元捌角整。
（14）人民币伍亿玖仟柒佰零肆万壹仟陆佰零伍元整。
（15）人民币壹拾陆万伍仟陆佰零柒元叁角整。
（16）人民币玖仟零伍万零陆佰零壹元零贰分。
（17）人民币柒佰陆拾叁万伍仟伍佰陆拾叁元整。
（18）人民币叁万零贰佰零玖元零伍分。
（19）人民币壹仟伍佰零陆万零壹佰零伍元柒角整。
（20）人民币柒仟零捌万肆仟贰佰零伍元壹角玖分。

四、实训指导

1. 阿拉伯数字书写要求：与实训一同。
2. 汉字大写数字的书写要求：与实训二同。

五、实训准备

1. 会计专用笔或钢笔（用蓝黑或碳素墨水书写）；
2. 大小写金额数字转换书写训练（见表6-1）。

表6-1　　　　　　　　　　大小写金额数字转换书写训练

序号	汉字大写金额数字	小写金额数字
1		
2		
3		
4		
5		
6		
7		
8		
9		
10		
11		
12		
13		
14		
15		
16		
17		
18		
19		
20		

六、实训程序

1. 根据实训资料，在大小写金额数字转换书写训练表中，书写汉字大写金额数字栏。
2. 根据大小写金额数字转换训练，按照汉字大写金额数字，在小金额数字栏中，写出相应的小写金额数字。
3. 书写要求和其他要求与实训五同。

七、实训设计

1. 实训形式：要求单人独立完成。
2. 实训时间：建议1个学时。
3. 实训成绩：测试成绩单。

八、考核标准

会计数字书写实训考核标准见实训一、实训二。

实训七　大小写金额数字书写转换实训（三）

一、实训目标

掌握财会工作中大小写金额的标准写法以及大小写的转换技能，做到书写规范、清晰、流畅。

二、实训内容

大小写金额数字转换书写训练。

三、实训资料

1. 阿拉伯数字：与实训一同。
2. 汉字大写数字：与实训二同。
3. 2018年5月份，库存现金和银行存款收付业务的发生额为：
    ① ¥205006.50；　② ¥8005000.00；　③ ¥35600000.00；　④ ¥485679300.28；
    ⑤ ¥67800350.80；　⑥ ¥590300.36；　⑦ ¥1600008.05；　⑧ ¥20864940.00；
    ⑨ ¥3567408.68；　⑩ ¥65308040.60；　⑪ ¥8509006.35；　⑫ ¥185605490.73；
    ⑬ ¥98000.50；　⑭ ¥6985700.62；　⑮ ¥807900200.08；　⑯ ¥50002040.00；
    ⑰ ¥8007.05；　⑱ ¥35679.00；　⑲ ¥150000.00；　⑳ ¥495008.70

四、实训指导

1. 阿拉伯数字书写要求：与实训一同。
2. 汉字大写数字的书写要求：与实训二同。

五、实训准备

1. 会计专用笔或钢笔（用蓝黑或碳素墨水书写）；
2. 会计数字书写训练（见表7-1）。

表 7-1　　　　　　　　　　会计数字书写训练

序号	小写金额数字	汉字大写金额数字的书写
1		
2		
3		
4		
5		
6		
7		
8		
9		
10		
11		
12		
13		
14		
15		
16		
17		
18		
19		
20		

六、实训程序

1. 根据实训资料的库存现金和银行存款收付业务的发生额，在会计数字书写训练的大写金额数字栏中写出相应的汉字大写金额数字。

2. 书写要求和其他要求与实训五同。

七、实训设计

1. 实训形式：要求单人独立完成。

2. 实训时间：建议 1 个学时。

3. 实训成绩：测试成绩单。

八、考核标准

会计数字书写实训考核标准见实训一、实训二。

实训八　大小写金额数字书写转换实训（四）

一、实训目标

掌握会计大小写金额数字转换技能，熟练掌握小写金额数字和汉字大写金额数字的标准写法，达到书写规范、清晰、流畅，符合会计书写要求。

二、实训内容

大小写金额数字转换书写训练。

三、实训资料

1. 阿拉伯数字：与实训一同。
2. 汉字大写数字：与实训二同。
3. 2018年1月份，库存现金和银行存款收付业务的发生额为：

（1）①278003.08；　②97350085.30；　③653100800.05；　④3056700.38；　⑤9500.48；
　　　⑥68093.82；　⑦178403.00；　⑧581639700.06；　⑨958318.60；　⑩1408370.02

（2）①人民币玖拾柒万伍仟肆角整；
②人民币壹拾玖万元零柒角捌分；
③人民币捌万壹仟玖佰陆拾肆元陆角整；
④人民币伍仟元零贰角整；
⑤人民币柒仟叁佰伍拾玖万陆仟捌佰贰拾捌元零伍分；
⑥人民币贰亿捌仟伍佰陆拾玖万伍仟捌佰壹拾元零玖分；
⑦人民币伍拾壹万陆仟叁佰贰拾捌元整；
⑧人民币壹拾捌万零柒佰玖拾捌元零贰分；
⑨人民币伍佰陆拾壹万叁仟柒佰贰拾捌元捌角陆分；
⑩人民币柒仟玖佰陆拾壹万陆仟零捌元零壹分。

四、实训准备

1. 财会专用笔或钢笔（用蓝黑或碳素墨水书写）；
2. 大小金额数字转换书写训练（一）、（二），见表8-1、表8-2。

五、实训程序

1. 根据实训资料1、2，按照标准写法进行会计数字的书写训练。要求按"实训资料3（1）"，在大小写金额数字书写训练（一）中，把小写金额数字写为汉字大写金额数字；

表 8-1　　　　　　　　　　大小金额数字转换书写训练（一）

序号	小写金额数字	汉字大写金额数字
1		
2		
3		
4		
5		
6		
7		
8		
9		
10		

表 8-2　　　　　　　　　　大小写金额数字转换书写训练（二）

序号	汉字大写金额数字	小写金额数字
1		
2		
3		
4		
5		
6		
7		
8		
9		
10		

2. 按"实训资料 3（2）"，在大小金额数字转换书写训练（二）中，把大写金额数字写为小写金额数字。

3. 书写要求和其他要求与实训五同。

六、实训设计

1. 实训形式：要求单人独立完成。
2. 实训时间：建议 1 个学时。
3. 实训成绩：测试成绩单。

七、考核标准

会计数字书写实训考核标准见实训一、实训二。

实训九 会计数字书写综合实训（一）

一、实训目标

在填制原始凭证、编制记账凭证、登记账簿和编制财务报表的会计业务处理过程中，会计人员必须书写阿拉伯数字，并对金额进行大写和小写的书写。通过本实训，使学生掌握大小写金额的标准写法，做到书写规范、清晰、流畅、美观。

二、实训内容

1. 训练阿拉伯数字按顺序书写。
2. 训练阿拉伯数字不按顺序书写。
3. 训练汉字大写数字的书写。
4. 训练大小写金额数字的书写规则。

三、实训资料

1. 阿拉伯数字：与实训一同。
2. 汉字大写数字；与实训二同。
3. 2018年2月份，库存现金和银行存款收付业务的发生额为：
    ①9.80；　　　②80.05；　　　③158.06；　　　④2085.70；　　　⑤75006.05；
    ⑥125064.08；　⑦7315800.80；　⑧385067.75；　⑨695840.00；　⑩82500.50

四、实训指导

与实训四同。

五、实训准备

1. 财会专用笔或钢笔（用蓝黑或碳素墨水书写）。
2. 阿拉伯数字书写训练1-1至2-6，见表9-1至表9-12。
3. 汉字大写数字书写训练3-1至3-6，见表9-13至表9-18。
4. 会计数字书写训练，见表9-19。

六、实训程序

1. 根据实训资料1，按照标准写法，在阿拉伯数字书写训练1-1至2-6中，进行阿拉伯数字书写训练。
2. 根据实训资料2，按照标准写法，在汉字大写数字书写训练3-1至3-6中，进行汉字大写数字书写训练。

3. 根据实训资料 3，按照标准写法，在会计数字书写训练中，进行大小写金额书写训练。

七、实训设计

1. 实训形式：要求单人独立完成。
2. 实训时间：建议 3 个学时。
3. 实训成绩：测试成绩单。

八、考核标准

会计数字书写实训考核标准见实训一、实训二。

表 9－1　　　　　　　阿拉伯数字书写训练 1－1

1	2	3	4
千百十万千百十元角分	千百十万千百十元角分	千百十万千百十元角分	千百十万千百十元角分
1234567890	1234567890	1234567890	1234567890

表 9-2　　　　　　　　　　阿拉伯数字书写训练 1-2

1	2	3	4
千百十万千百十元角分	千百十万千百十元角分	千百十万千百十元角分	千百十万千百十元角分
1234567890	1234567890	1234567890	1234567890

表 9–3　　　　　阿拉伯数字书写训练 1–3

1	2	3	4
千百十万千百十元角分	千百十万千百十元角分	千百十万千百十元角分	千百十万千百十元角分
1234567890	1234567890	1234567890	1234567890

表9-4　　　　　　　　阿拉伯数字书写训练1-4

1										2										3										4									
千	百	十	万	千	百	十	元	角	分	千	百	十	万	千	百	十	元	角	分	千	百	十	万	千	百	十	元	角	分	千	百	十	万	千	百	十	元	角	分
1	2	3	4	5	6	7	8	9	0	1	2	3	4	5	6	7	8	9	0	1	2	3	4	5	6	7	8	9	0	1	2	3	4	5	6	7	8	9	0

表 9–5　　　　　　　阿拉伯数字书写训练 1–5

1	2	3	4
千百十万千百十元角分	千百十万千百十元角分	千百十万千百十元角分	千百十万千百十元角分
1234567890	1234567890	1234567890	1234567890

表9-6　　　　　　　　　阿拉伯数字书写训练1-6

1	2	3	4
千百十万千百十元角分	千百十万千百十元角分	千百十万千百十元角分	千百十万千百十元角分
1234567890	1234567890	1234567890	1234567890

表 9-7　　　　　阿拉伯数字书写训练 2-1

1	2	3	4
千百十万千百十元角分	千百十万千百十元角分	千百十万千百十元角分	千百十万千百十元角分
3567260	7584932	958426	1853675

表 9–8　　　　　　　　　　阿拉伯数字书写训练 2–2

1	2	3	4
千百十万千百十元角分	千百十万千百十元角分	千百十万千百十元角分	千百十万千百十元角分
3567260	7584932	958426	1853675

表9-9　　　　　　　阿拉伯数字书写训练2-3

1	2	3	4
千百十万千百十元角分	千百十万千百十元角分	千百十万千百十元角分	千百十万千百十元角分
3567260	758432	958426	1853675

表9-10　　　　　　　　阿拉伯数字书写训练2-4

1	2	3	4
千百十万千百十元角分	千百十万千百十元角分	千百十万千百十元角分	千百十万千百十元角分
356７260	７584９32	９58426	１853７5

46

表 9-11　　　　　阿拉伯数字书写训练 2-5

1	2	3	4
千百十万千百十元角分	千百十万千百十元角分	千百十万千百十元角分	千百十万千百十元角分
3567260	7584932	958426	1853675

47

表9-12　阿拉伯数字书写训练2-6

	1	2	3	4
千百十万千百十元角分	千百十万千百十元角分	千百十万千百十元角分	千百十万千百十元角分
	3567260	7584932	958426	1853675

表 9–13　　　　汉字大写数字书写训练 3–1

壹				壹				壹			
贰				贰				贰			
叁				叁				叁			
肆				肆				肆			
伍				伍				伍			
陆				陆				陆			
柒				柒				柒			
捌				捌				捌			
玖				玖				玖			
拾				拾				拾			
零				零				零			
佰				佰				佰			
仟				仟				仟			
萬				萬				萬			
亿				亿				亿			
元				元				元			
角				角				角			
分				分				分			
整				整				整			

表9-14　　汉字大写数字书写训练 3-2

壹				壹				壹			
贰				贰				贰			
叁				叁				叁			
肆				肆				肆			
伍				伍				伍			
陆				陆				陆			
柒				柒				柒			
捌				捌				捌			
玖				玖				玖			
拾				拾				拾			
零				零				零			
佰				佰				佰			
仟				仟				仟			
萬				萬				萬			
亿				亿				亿			
元				元				元			
角				角				角			
分				分				分			
整				整				整			

表9-15　　　汉字大写数字书写训练 3-3

壹				壹				壹			
贰				贰				贰			
叁				叁				叁			
肆				肆				肆			
伍				伍				伍			
陆				陆				陆			
柒				柒				柒			
捌				捌				捌			
玖				玖				玖			
拾				拾				拾			
零				零				零			
佰				佰				佰			
仟				仟				仟			
萬				萬				萬			
亿				亿				亿			
元				元				元			
角				角				角			
分				分				分			
整				整				整			

表 9－16　　　　　汉字大写数字书写训练 3－4

壹				壹				壹			
贰				贰				贰			
叁				叁				叁			
肆				肆				肆			
伍				伍				伍			
陆				陆				陆			
柒				柒				柒			
捌				捌				捌			
玖				玖				玖			
拾				拾				拾			
零				零				零			
佰				佰				佰			
仟				仟				仟			
萬				萬				萬			
亿				亿				亿			
元				元				元			
角				角				角			
分				分				分			
整				整				整			

表 9-17　　　　　汉字大写数字书写训练 3-5

壹				壹				壹			
贰				贰				贰			
叁				叁				叁			
肆				肆				肆			
伍				伍				伍			
陆				陆				陆			
柒				柒				柒			
捌				捌				捌			
玖				玖				玖			
拾				拾				拾			
零				零				零			
佰				佰				佰			
仟				仟				仟			
萬				萬				萬			
亿				亿				亿			
元				元				元			
角				角				角			
分				分				分			
整				整				整			

表9–18　　　　汉字大写数字书写训练 3–6

壹				壹				壹			
贰				贰				贰			
叁				叁				叁			
肆				肆				肆			
伍				伍				伍			
陆				陆				陆			
柒				柒				柒			
捌				捌				捌			
玖				玖				玖			
拾				拾				拾			
零				零				零			
佰				佰				佰			
仟				仟				仟			
萬				萬				萬			
亿				亿				亿			
元				元				元			
角				角				角			
分				分				分			
整				整				整			

表 9-19　　　　　　　　会计数字书写训练

经济业务发生额	小写余额栏	大写金额栏
9.80（范例）	￥9.80	人民币玖元捌角整
80.05		
158.06		
2085.70		
75006.05		
125064.08		
7315800.80		
385067.75		
695840.00		
82500.50		

实训十　会计数字书写综合实训（二）

一、实训目标

在填制原始凭证、编制记账凭证、登记账簿、编制会计报表的会计处理过程中，会计人员必须书写阿拉伯数字，对金额进行大写和小写的书写。通过本实训，使学生掌握阿拉伯数字和大小写金额数字的标准写法，做到书写规范、清晰、流畅。

二、实训内容

1. 训练阿拉伯数字按顺序书写。
2. 训练阿拉伯数字不按顺序书写。
3. 训练汉字大写数字的书写。
4. 训练大小写金额数字的书写规则。

三、实训资料

1. 阿拉伯数字：与实训一同。
2. 汉字大写数字：与实训二同。
3. 2018年3月份，现金和银行存款收付业务的发生额为：
　　①18006.03；　②49020.05；　③100580.08；　④2908001.07；　⑤415008.30；
　　⑥168950.70；　⑦790800.53；　⑧1800000.25；　⑨37500.00；　⑩4650209.05

四、实训指导

与实训四同。

五、实训准备

1. 财会专用笔或钢笔、蓝黑或碳素墨水。
2. 阿拉伯数字书写训练 1-1 至 2-6，见表 10-1 至表 10-12。
3. 汉字大写数字书写训练 3-1 至 3-6，见表 10-13 至表 10-18。
4. 会计数字书写训练，见表 10-19。

表 10-1　　　　　　　　　　　阿拉伯数字书写训练 1-1

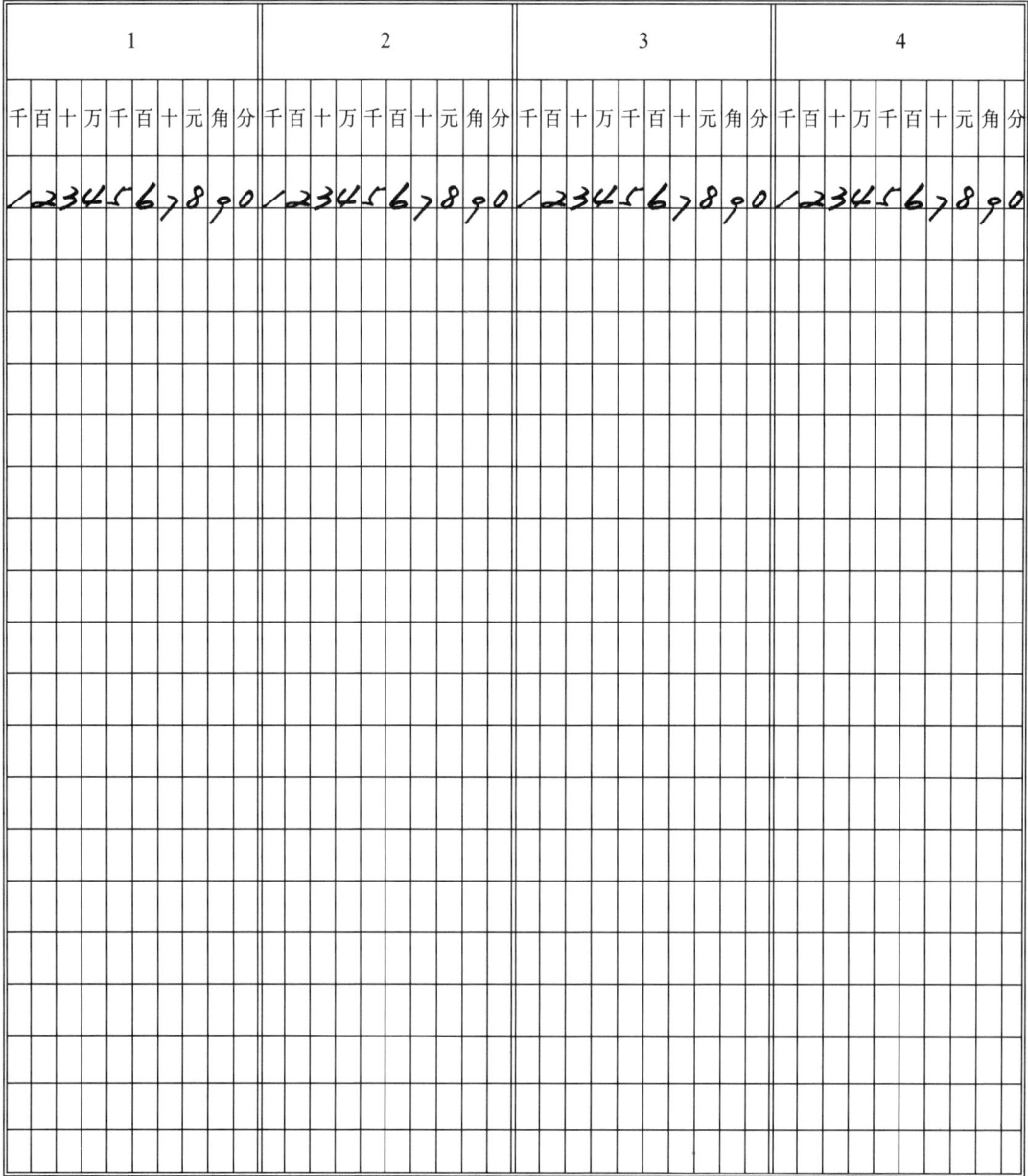

表 10-2　　　　　　　　阿拉伯数字书写训练 1-2

1	2	3	4
千百十万千百十元角分	千百十万千百十元角分	千百十万千百十元角分	千百十万千百十元角分
1234567890	1234567890	1234567890	1234567890

表 10-3　　　　　　阿拉伯数字书写训练 1-3

1	2	3	4
千百十万千百十元角分	千百十万千百十元角分	千百十万千百十元角分	千百十万千百十元角分
1234567890	1234567890	1234567890	1234567890

表 10-4　　　　　　　阿拉伯数字书写训练 1-4

1	2	3	4
千百十万千百十元角分	千百十万千百十元角分	千百十万千百十元角分	千百十万千百十元角分
1234567890	1234567890	1234567890	1234567890

表 10-5　　　　　　　　　阿拉伯数字书写训练 1-5

1	2	3	4
千百十万千百十元角分	千百十万千百十元角分	千百十万千百十元角分	千百十万千百十元角分
1234567890	1234567890	1234567890	1234567890

表 10-6　　　　　　阿拉伯数字书写训练 1-6

1	2	3	4
千百十万千百十元角分	千百十万千百十元角分	千百十万千百十元角分	千百十万千百十元角分
1234567890	1234567890	1234567890	1234567890

表10-7　　　　　　　　　　阿拉伯数字书写训练2-1

1	2	3	4
千百十万千百十元角分	千百十万千百十元角分	千百十万千百十元角分	千百十万千百十元角分
3567260	7584932	958426	1853675

表 10-8　　　　　阿拉伯数字书写训练 2-2

1	2	3	4
千百十万千百十元角分	千百十万千百十元角分	千百十万千百十元角分	千百十万千百十元角分
3567260	7584932	958426	1853675

表 10-9　　　　　　　　　阿拉伯数字书写训练 2-3

1	2	3	4
千百十万千百十元角分	千百十万千百十元角分	千百十万千百十元角分	千百十万千百十元角分
3567260	758 4932	958426	185 3675

表 10－10　　　　　阿拉伯数字书写训练 2－4

1	2	3	4
千百十万千百十元角分	千百十万千百十元角分	千百十万千百十元角分	千百十万千百十元角分
3567260	7584932	958426	1853675

65

表 10–11　　　　　　　阿拉伯数字书写训练 2–5

1									2									3									4								
千	百	十	万	千	百	十	元	角	分	千	百	十	万	千	百	十	元	角	分	千	百	十	万	千	百	十	元	角	分	千	百	十	万	千	百	十	元	角	分
			3	5	6	7	2	6	0				7	5	8	4	9	3	2				9	5	8	4	2	6					1	8	5	3	6	7	5

表 10–12　阿拉伯数字书写训练 2–6

1										2										3										4									
千	百	十	万	千	百	十	元	角	分	千	百	十	万	千	百	十	元	角	分	千	百	十	万	千	百	十	元	角	分	千	百	十	万	千	百	十	元	角	分
			3	5	6	7	2	6	0				7	5	8	4	9	3	2					9	5	8	4	2	6			1	8	5	3	6	7	5	

表 10-13　　　　汉字大写数字书写训练 3-1

零	佰	仟	萬	亿	元	角	分	整
零	佰	仟	萬	亿	元	角	分	整
零	佰	仟	萬	亿	元	角	分	整
零	佰	仟	萬	亿	元	角	分	整
零	佰	仟	萬	亿	元	角	分	整

零	佰	仟	萬	亿	元	角	分	整
零	佰	仟	萬	亿	元	角	分	整
零	佰	仟	萬	亿	元	角	分	整
零	佰	仟	萬	亿	元	角	分	整
零	佰	仟	萬	亿	元	角	分	整

零	佰	仟	萬	亿	元	角	分	整
零	佰	仟	萬	亿	元	角	分	整
零	佰	仟	萬	亿	元	角	分	整
零	佰	仟	萬	亿	元	角	分	整
零	佰	仟	萬	亿	元	角	分	整

表10-16　　　　汉字大写数字书写训练 3-4

零	佰	仟	萬	亿	元	角	分	整
零	佰	仟	萬	亿	元	角	分	整
零	佰	仟	萬	亿	元	角	分	整
零	佰	仟	萬	亿	元	角	分	整
零	佰	仟	萬	亿	元	角	分	整

表 10-17　　　　　汉字大写数字书写训练 3-5

零	佰	仟	萬	亿	元	角	分	整
零	佰	仟	萬	亿	元	角	分	整
零	佰	仟	萬	亿	元	角	分	整
零	佰	仟	萬	亿	元	角	分	整
零	佰	仟	萬	亿	元	角	分	整

表 10-18　　　　汉字大写数字书写训练 3-6

零	佰	仟	萬	亿	元	角	分	整
零	佰	仟	萬	亿	元	角	分	整
零	佰	仟	萬	亿	元	角	分	整
零	佰	仟	萬	亿	元	角	分	整
零	佰	仟	萬	亿	元	角	分	整

表 10-19　会计数字书写训练

会计凭证和账表上的大小写金额									原始凭证上的大写金额栏
没有数位分割线	有数位分割线								
	百	十	万	千	百	十	元	角	分	
										人民币
										人民币（大写） 佰　拾　万　仟　佰　拾　元　角　分
										人民币
										人民币
										人民币
										人民币
										人民币
										人民币
										人民币
										人民币（大写） 佰　拾　万　仟　佰　拾　元　角　分

六、实训程序

1. 根据实训资料1，按照标准写法，在阿拉伯数字书写训练1-1至2-6中，进行阿拉伯数字书写训练，要求书写规范、流畅，指导教师认可。

2. 根据实训资料2，按照标准写法，在汉字大写数字书写训练3-1至3-6中，进行数字汉字大写的书写训练，要求书写规范、流畅，指导教师认可。

3. 根据实训资料3，按照标准写法，在会计数字书写训练中，进行大小写金额书写训练，要求书写做到规范、流畅，得到指导教师认可。

七、实训设计

1. 实训形式：要求单人独立完成。
2. 实训时间：建议3个学时。
3. 实训成绩：测试成绩单。

八、考核标准

会计数字书写实训考核标准见实训一、实训二。

实训十一　会计数字书写综合实训（三）

一、实训目标

通过本实训，使学生规范和熟练地掌握金额数字的大小写，以及凭证金额数字和日期大写的写法。

二、实训内容

1. 训练阿拉伯数字按顺序书写。
2. 训练阿拉伯数字不按顺序书写。
3. 训练汉字大写数字的书写。
4. 训练支票的填写。

三、实训资料

1. 阿拉伯数字：与实训一同。
2. 汉字大写数字：与实训二同。
3. 明亮开发公司从春阳实业股份有限责任公司购入一批货物，价款共计人民币 785083.02 元，请代明亮开发公司开出转账支票一张；明亮开发公司在中国工商银行广西梧州蝶山分行的银行账号为：2102006709080017825；转账支票出票日期为"2017 年 10 月 28 日"。

四、实训指导

与实训四同。

五、实训准备

1. 财会专用笔或钢笔（用蓝黑或碳素墨水书写）。
2. 阿拉伯数字书写训练 1-1、1-2，见表 11-1、表 11-2。
3. 会计小写金额数字书写训练，见表 11-3。
4. 汉字大写数字书写训练 2-1 至 3-6，见表 11-4 至表 11-15。
5. 转账支票出票日期的大写和小写书写训练，见表 11-16。

六、实训程序

1. 根据实训资料 1：
（1）在阿拉伯数字书写训练 1-1、1-2 中，进行阿拉伯数字书写训练，要求书写规范、流畅，指导教师认可。
（2）在会计小写金额数字书写训练 11-3 中，进行会计大写金额数字转换为小写金额数字训练。
2. 根据实训资料 2、3：
（1）按照标准写法，在汉字大写金额数字书写训练 2-1 至 3-6 中，进行汉字大写数字书写训练。
（2）按照标准写法，在转账支票出票日期的大写和小写书写训练 11-16 中，在转账支票中进行出票日期的大小写书写训练。
（3）字体要各自成形，大小匀称，排列整齐，字迹工整、清晰、流畅、美观，指导教师认可。
（4）汉字大写数字要以正楷或行书书写，不得写连笔字。

表 11-1　　　　　　　　　阿拉伯数字书写训练 1-1

1	2	3	4
千百十万千百十元角分	千百十万千百十元角分	千百十万千百十元角分	千百十万千百十元角分
3567260	584932	58426	185675

表 11－2　　　　　　　　阿拉伯数字书写训练 1－2

1	2	3	4
千百十万千百十元角分	千百十万千百十元角分	千百十万千百十元角分	千百十万千百十元角分
3567260	758932	958426	185375

表 11-3　　　　　　　　　　会计小写金额数字书写训练

序号	汉字大写金额数字	小写金额数字									
		亿	千万	百万	十万	万	千	百	十	元	角	分
1	人民币捌仟伍佰陆拾叁万零肆佰贰拾元零捌分											
2	人民币壹拾捌万叁仟捌佰伍拾玖元壹角整											
3	人民币玖万柒仟捌佰贰拾陆元零伍分											
4	人民币叁亿捌仟万零捌仟元整											
5	人民币叁仟陆佰捌拾柒元捌角整											
6	人民币捌拾万柒仟零伍元零陆分											
7	人民币壹仟柒佰万零捌仟贰佰叁拾元零捌分											
8	人民币玖仟肆佰陆拾捌元柒角贰分											
9	人民币陆万伍仟捌佰元零伍分											
10	人民币捌仟叁佰零伍万零捌佰零玖元整											

表 11-4　　　　汉字大写数字书写训练 2-1

壹				壹				壹			
贰				贰				贰			
叁				叁				叁			
肆				肆				肆			
伍				伍				伍			
陆				陆				陆			
柒				柒				柒			
捌				捌				捌			
玖				玖				玖			
拾				拾				拾			
零				零				零			
佰				佰				佰			
仟				仟				仟			
萬				萬				萬			
亿				亿				亿			
元				元				元			
角				角				角			
分				分				分			
整				整				整			

表 11-5　　　　汉字大写数字书写训练 2-2

壹				壹				壹			
贰				贰				贰			
叁				叁				叁			
肆				肆				肆			
伍				伍				伍			
陆				陆				陆			
柒				柒				柒			
捌				捌				捌			
玖				玖				玖			
拾				拾				拾			
零				零				零			
佰				佰				佰			
仟				仟				仟			
萬				萬				萬			
亿				亿				亿			
元				元				元			
角				角				角			
分				分				分			
整				整				整			

表 11-6　　　　汉字大写数字书写训练 2-3

壹				壹				壹			
贰				贰				贰			
叁				叁				叁			
肆				肆				肆			
伍				伍				伍			
陆				陆				陆			
柒				柒				柒			
捌				捌				捌			
玖				玖				玖			
拾				拾				拾			
零				零				零			
佰				佰				佰			
仟				仟				仟			
萬				萬				萬			
亿				亿				亿			
元				元				元			
角				角				角			
分				分				分			
整				整				整			

表 11-7　　汉字大写数字书写训练 2-4

壹	贰	叁	肆	伍	陆	柒	捌	玖	拾
壹	贰	叁	肆	伍	陆	柒	捌	玖	拾
壹	贰	叁	肆	伍	陆	柒	捌	玖	拾
壹	贰	叁	肆	伍	陆	柒	捌	玖	拾
壹	贰	叁	肆	伍	陆	柒	捌	玖	拾

表 11-8　　　汉字大写数字书写训练 2-5

壹	贰	叁	肆	伍	陆	柒	捌	玖	拾
壹	贰	叁	肆	伍	陆	柒	捌	玖	拾
壹	贰	叁	肆	伍	陆	柒	捌	玖	拾
壹	贰	叁	肆	伍	陆	柒	捌	玖	拾
壹	贰	叁	肆	伍	陆	柒	捌	玖	拾

表11-9　　　　　　汉字大写数字书写训练2-6

壹	贰	叁	肆	伍	陆	柒	捌	玖	拾
壹	贰	叁	肆	伍	陆	柒	捌	玖	拾
壹	贰	叁	肆	伍	陆	柒	捌	玖	拾
壹	贰	叁	肆	伍	陆	柒	捌	玖	拾
壹	贰	叁	肆	伍	陆	柒	捌	玖	拾

表 11-10　　　汉字大写数字书写训练 3-1

零	佰	仟	萬	亿	元	角	分	整
零	佰	仟	萬	亿	元	角	分	整
零	佰	仟	萬	亿	元	角	分	整
零	佰	仟	萬	亿	元	角	分	整
零	佰	仟	萬	亿	元	角	分	整

表 11-11　　　汉字大写数字书写训练 3-2

零	佰	仟	萬	亿	元	角	分	整
零	佰	仟	萬	亿	元	角	分	整
零	佰	仟	萬	亿	元	角	分	整
零	佰	仟	萬	亿	元	角	分	整
零	佰	仟	萬	亿	元	角	分	整

表 11–12　　汉字大写数字书写训练 3–3

零	佰	仟	萬	亿	元	角	分	整
零	佰	仟	萬	亿	元	角	分	整
零	佰	仟	萬	亿	元	角	分	整
零	佰	仟	萬	亿	元	角	分	整
零	佰	仟	萬	亿	元	角	分	整

表 11－13　　　　汉字大写数字书写训练 3－4

零	佰	仟	萬	億	元	角	分	整
零	佰	仟	萬	億	元	角	分	整
零	佰	仟	萬	億	元	角	分	整
零	佰	仟	萬	億	元	角	分	整
零	佰	仟	萬	億	元	角	分	整

表 11-14　　　　汉字大写数字书写训练 3-5

零	佰	仟	萬	亿	元	角	分	整
零	佰	仟	萬	亿	元	角	分	整
零	佰	仟	萬	亿	元	角	分	整
零	佰	仟	萬	亿	元	角	分	整
零	佰	仟	萬	亿	元	角	分	整

表 11–15　　　汉字大写数字书写训练 3–6

零	佰	仟	萬	亿	元	角	分	整
零	佰	仟	萬	亿	元	角	分	整
零	佰	仟	萬	亿	元	角	分	整
零	佰	仟	萬	亿	元	角	分	整
零	佰	仟	萬	亿	元	角	分	整

表 11－16　　　　　　转账支票出票日期的大写和小写书写训练

中国工商银行		中国工商转账支票　　XV100009725
转账支票存根	本	
XV100009725	支	支票日期（大写）　　年　　月　　日　　付款行名称：
附加信息	票	出票人账号：
	付	
	款	人民币　　亿千百十万千百十元角分
	期	（大写）
出票日期　年　月　日	十	
收款人：	天	用途：
金　额：		
用　途：		上列款项请从
		我账户内支付
单位主管　　会计		出票人签章　　　　　　复核　　　　　　记账

3. 学生自己独立完成，指导老师认可，并选出规范、工整、清晰符合会计书写要求的作品进行展示。

七、实训设计

1. 实训形式：要求单人独立完成。
2. 实训时间：建议 2 个学时。
3. 实训成绩：测试成绩单。

八、考核标准

会计数字书写实训考核标准见实训一、实训二。

实训十二　会计数字书写错误订正实训（一）

一、实训目标

通过会计数字书写错误订正的训练，使学生正确掌握会计数字出现书写错误后的订正方法。

二、实训内容

训练会计数字书写错误订正方法。

三、实训资料

会计数字书写错误订正训练（一）至（三）。

四、实训指导

1. 会计数字出现书写错误后订正要求如下：

（1）如果数字书写发生错误，就要进行订正。订正数字要求规范化，不能在原来数字上涂改、挖补、刮擦，或用消字药水消迹。

（2）中文大写数字出现错误或漏写，必须重新填写。先将错误数字从头到尾划一道横线完全划掉，并加盖订正人的印章，以示负责；然后再将正确数字写在上方。订正时，要求是一笔完整的数字，不能只改一半，更不能在原数字上涂改其中一个字码，以免混淆不清。只要部分数字写错（包括一个字码），都要把全部数字划线勾掉并订正。一个结果最多只能修改两次。

2. 会计资料审核后，发现数码字书写错误时，切忌刮擦（也不能用胶带贴掉）、挖补、涂改，或使用褪色药剂和涂改液，而是应该按照规定的方法进行订正。

（1）原始凭证金额数字书写错误订正方法。审核原始凭证时，发现金额数字书写出现错误时，根据有关规定，不得更改，只能由原始凭证开出单位重开。

（2）没有编号的零散作废凭证，应立即销毁废弃。

（3）印有编号的作废凭证，应盖上作废印记后保存，或将其各联号留下，粘入其下一号的各相应联上，以向有关部门说明此号作废，以便查改。

3. 记账凭证数字书写错误订正方法。记账凭证数字书写错误时，如果没有登记入账，应当重新填写。

4. 会计账簿数码字书写错误订正方法。账簿记录错误，应采用划线订正法时，即先用红笔在错误的全部数字中间划一横线，然后在错误数字的正上方书写全部正确的数码字，并且由记账人员和相关人员在更正处加盖名章，以示负责。

五、实训准备

1. 财会专用笔或钢笔，蓝黑或碳素墨水。
2. 会计数字书写错误订正训练（一）至（三），见表12-1至表12-3。

表12-1　　　　　　　　会计数字书写错误订正训练（一）

要求：登记账表时发生小写金额数字写错，按规范的订正方法进行更正，并加盖印章。

错误订正方法								正确订正方法								订正要求
十万	万	仟	佰	十	元	角	分	十万	万	仟	佰	十	元	角	分	
			9	5 -8-	6	9	2									
	3	0	6 -9-	7	8 -3-	9	8									
		6 -3-	3 -2-	2 -6-	0	6	7									
			9 -7-	9 -8-	7	6	8									
¥ ¥	5 5	3 3	8 8	9 9	4 4	0 0										

表12-2　　　　　　　　会计数字书写错误订正训练（二）

要求：运用正确的订正方法，更正表12-2内数字，并填上规范的汉字大写数字。

(1) 正确数字应是：592,873.08

(2) 正确数字应是：2,937,608.47

(3) 正确数字应是：68,687,359.43

(4) 正确数字应是：473,082,618.09

(5) 正确数字应是：506,890,280.00

(1) 人民币（大写）					5	9	2	8	3	7	0	8
(2) 人民币（大写）				2	9	3	7	8	0	6	4	7
(3) 人民币（大写）				6	8	6	7	8	3	5	9	4	3
(4) 人民币（大写）		4	7	3	0	8	2	6	1	8	9	0
(5) 人民币（大写）			5	0	6	8	9	0	2	8		

表12-3　　　　　　　　会计数字书写错误订正训练（三）

要求：对表12-3中汉字大写金额数字常见书写错误进行订正。

小写金额数字	汉字大写金额数字			
	错误写法	错误原因	正确写法	
¥58,092.18	人民币：伍万捌仟零玖拾贰元壹角捌分			
¥800,007.06	人民币捌拾万元零柒元零陆分			
¥2,895,000.67	人民币贰佰捌拾玖万伍仟零陆角柒分			
¥27,680,005.91	人民币 贰仟柒佰陆拾捌万零捌元玖角壹分			
¥285,700.04	人民币贰拾捌万伍仟柒佰元肆分			
¥108,000.00	人民币拾万伍仟元整			
¥485,679.30	人民币肆拾捌万伍仟陆佰柒拾玖元叁角零分			
¥580,740.80	人民币伍拾捌万柒佰肆拾捌角整			
¥19,875,000.00	人民币壹仟玖佰捌拾柒万伍仟元			
¥6,154,008.06	人民币陆佰壹拾伍万肆仟另捌元另陆分			
¥345,790,030.80	人民币叁亿肆仟伍佰柒拾玖万零叁拾零元捌角整			
¥187,521.68	人民币拾捌万柒仟伍佰贰拾壹元陆角捌分			
¥39,068,000.00	人民币叁仟玖佰万零陆万捌仟元整			
¥7,008,001.00	人民币柒佰万零捌仟元另壹元整			

六、实训程序

在会计数字书写错误订正训练（一）至（三）中，进行会计数字书写错误订正训练，要求书写规范、流畅，指导教师认可。

七、实训设计

1. 实训形式：要求单人独立完成。
2. 实训时间：建议 2 个学时。
3. 实训地点：会计技能实训室。

实训十三　会计数字书写错误订正实训（二）

一、实训目标

通过进行会计数字书写错误的订正训练，使学生能正确掌握会计数字出现书写错误后的订正方法。

二、实训内容

训练会计数字书写错误订正方法。

三、实训资料

会计数字书写错误订正训练（一）至（六）。

四、实训指导

1. 会计数字出现书写错误后订正要求是：

（1）如果数字书写发生了错误，就要进行订正，订正数字要求规范化，不能在原来数字上涂改、挖补、刮擦或用消字药水消迹。

（2）中文大写数字出现错误或漏写，必须重新填写。先将错误数字从头到尾加一道横线完全划掉，并加盖订正人的印章，以示负责；然后再将正确数字写在上方。一定是一笔完整的数字，不能只改一半，更不能在原数字上涂改其中一个字码，以免混淆不清。只要部分数字写错（包括一个字码），都要把全部数字画线勾掉并订正。一个结果最多只能修改两次。

2. 会计资料审核后，发现数码字书写错误时，切忌刮擦（也不能用胶带贴掉）、挖补、涂改，或使用褪色药剂和涂改液，而是应该按照规定的方法进行订正。

（1）原始凭证金额数字书写错误订正方法。审核原始凭证时，发现金额数字书写出现错误时，根据有关规定，不得更改，只能由原始凭证开出单位重开。

（2）没有编号的零散作废凭证，应立即销毁废弃。

（3）印有编号的作废凭证，应盖有作废印记后保存，或将其各联号留下，粘入其下一号的各相应联上借以向有关部门说明此号作废，以便查改。

3. 记账凭证数字书写错误订正方法。记账凭证数字书写出现错误时如果没有登记入账，应当重新填写。

4. 在分位格中，小写金额数字书写错误订正方法如下：

（1）在会计工作中，书写数字时会偶然发生错误，如错列、错行、错位或写错数字等。一旦出现差错，要使用正确的改错方法更正。如发现当日的数字记录有错误时，应采用划线更正法进行更正。

（2）如果在填写票据或凭证时发现一笔金额数字中只写错一个或几个数字，不能只更改写错的数字，而应将该数字全部用红线划销后，再将正确的数字写在上半格上。

（3）如果在填写票据或凭证合计数时一笔小写金额数字未写完便发现有误，则要把数字写完，或用"0"把剩余空位补齐，不能留空格，然后再用划线更正法更正。

【实例1】在填写票据或凭证合计数时发现一笔小写金额数字应为￥758,000.68，而错写为￥785,000.68，见表13-1。

表13-1

		亿	千	百	十	万	千	百	十	元	角	分
正确更正方法	经办人盖章			¥	7	5	8	0	0	0	6	8
				¥̶	7̶	8̶	5̶	0̶	0̶	0̶	8̶	8̶
错误更正方法				¥	7	5	8					
					7̶	8̶	5̶	0	0	0	6	8

【实例2】在填写票据或凭证合计数时发现一笔小写金额数字为￥3,487,658.35，写到￥3478时发现写错，运用两种改正方法更正，见表13-2。

表13-2

		亿	千	百	十	万	千	百	十	元	角	分
正确的更正方法	经办人盖章		¥	3	4	8	7	6	5	8	3	5
				3̶	4̶	7̶	8̶	6	5	8	3	5
正确的更正方法	经办人盖章		¥	3	4	8	7	6	5	8	3	5
				3̶	4̶	7̶	8̶	0̶	0̶	0̶	0̶	0̶
错误的更正方法				3	4	8	7	6	5	8	3	5
				3̶	4̶	7̶	8̶					

五、实训准备

1. 财会专用笔或钢笔、蓝黑或碳素墨水；
2. 会计数字书写错误订正训练（一）、（二）、（三）、（四）、（五）、（六）。

六、实训程序

在会计数字书写错误订正训练（一）、（二）、（三）、（四）、（五）、（六）中，进行会计数字书写错误订正书写训练，要求书写规范、流畅，指导教师认可。

七、实训设计

1. 实训形式：要求单人独立完成；

2. 实训时间：建议 2 个学时；
3. 实训地点：会计技能实训室。

表 13-3　　　　　　　　　　会计数字书写错误订正训练（一）

(一)									(二)					
8	6	2	9	5	6	8	7	一、87 改 78 二、96 改 69		9	6	8	7	2
	5	7	8	4	1	2	3	一、578 改 476 二、00 改 35	8	0	0	6	2	7
		6	8	2	7	4	8	一、748 改 859 二、486 改 587	9	4	8	6	2	0	0	3
			7	5	0	9		一、50 改 68 二、8567 改 3456		3	8	5	6	7
				8	0	6		一、8 改 9 二、8、9 改 5、8			8	2	6	9

在填写票据或凭证合计数时，发现一笔小写金额数字应为 ¥6,059,400.76 而错写为 ¥6,095,400.76，请在下表分位格中填上正确的更正方法。见表 13-4。

表 13-4　　　　　　　　　　会计数字书写错误订正训练（二）

	亿	千	百	十	万	千	百	十	元	角	分
错误的更正方法		¥	6	0	5̶ 9̲	9̶ 5̲	4	0	0	7	6
正确的更正方法											

在填写凭证合计数时，小写金额数字为 ¥2,348,670.87，写到 23468 时才发现写错，请根据参考例 2 的两种订正方法进行改正，见表 13-5。

表 13-5　　　　　　　　　　会计数字书写错误订正训练（三）

	亿	千	百	十	万	千	百	十	元	角	分
错误的更正方法		¥	2̶ 2̲	3̶ 3̲	4̶ 4̲	8̶ 6̲	6̶ 8̲	7	0	8	7
正确的更正方法											
正确的更正方法											

在填写票据或凭证合计数时发现一笔小写金额数字应为 ¥95,867,308.42 而错写为 ¥95,876,308.42，请按正确更正方法更正，见表 13-6。

表 13-6　　　　　　　　会计数字书写错误订正训练（四）

	亿	千	百	十	万	千	百	十	元	角	分
错误的更正方法	¥	9	5	8	6 ~~7~~	7 ~~6~~	3	0	8	4	2
正确的更正方法											

在填写票据或凭证合计数时发现一笔小写金额数字为¥8,563,196.78，写到¥8536时发现写错，运用两种更正方法更正，见表13-7。

表 13-7　　　　　　　　会计数字书写错误订正训练（五）

	亿	千	百	十	万	千	百	十	元	角	分
错误的更正方法			8 ~~8~~	5 ~~5~~	6 ~~3~~	3 ~~6~~	1	9	6	7	8
正确的更正方法											
正确的更正方法											

在填写凭证合计数时，小写金额数字为¥6,574,390.53，写到65734时才发现写错，请在下表分位格中，用两种订正方法进行改正，见表13-8。

表 13-8　　　　　　　　会计数字书写错误订正训练（六）

	亿	千	百	十	万	千	百	十	元	角	分
错误的更正方法		¥	6 ~~6~~	5 ~~5~~	7 ~~7~~	4 ~~3~~	3 ~~4~~	9	0	5	3
正确的更正方法											
正确的更正方法											

实训十四　会计数字书写错误订正实训（三）

一、实训目标

通过进行会计数字书写错误的订正训练，使学生能正确掌握会计数字出现书写错误后的订正方法。

二、实训内容

训练会计数字书写错误订正方法。

三、实训资料

会计数字书写错误订正训练（一）、（二）。

四、实训指导

1. 会计数字出现书写错误后订正要求是：

（1）如果数字书写发生了错误，就要进行订正，订正数字要求规范化，不能在原来数字上涂改、挖补、刮擦或用消字药水消迹。

（2）中文大写数字出现错误或漏写，必须重新填写。先将错误数字从头到尾加一道横线完全划掉，并加盖订正人的印章，以示负责；然后再将正确数字写在上方。一定是一笔完整的数字，不能只改一半，更不能在原数字上涂改其中一个字码，以免混淆不清。只要部分数字写错（包括一个字码），都要把全部数字画线勾掉并订正。一个结果最多只能修改两次。

2. 会计资料审核后，发现数码字书写错误时，切忌刮擦（也不能用胶带贴掉）、挖补、涂改，或使用褪色药剂和涂改液，而是应该按照规定的方法进行订正。

（1）原始凭证金额数字书写错误订正方法。审核原始凭证时，发现金额数字书写出现错误时，根据有关规定，不得更改，只能由原始凭证开出单位重开。

（2）没有编号的零散作废凭证，应立即销毁废弃。

（3）印有编号的作废凭证，应盖有作废印记后保存，或将其各联号留下，粘入其下一号的各相应联上借以向有关部门说明此号作废，以便查改。

3. 记账凭证数字书写错误订正方法：记账凭证数字书写出现错误时如果没有登记入账，应当重新填写。

4. 在账簿中，小写金额数字书写错误订正方法如下：

（1）账簿记录错误，采用划线订正法时，即先用红笔在错误的全部数字中间划一横线，然后重新在错误数字的正上方书写全部正确的数码字，并且由记账人员和相关人员在更正处加盖名章，以示负责。

（2）必须保持被更正的原来写错数字清晰可辨，对错误数字不得任意涂改、挖补、刮擦和用消字药水销蚀字迹。

（3）无论写错的是数字中一个数字还是几个数字，划线时都必须把整笔数一并划销，不能只划销其中错了的一个或几个数字。

【实例】在登记账簿时发现有几笔数额写错，其改错方法见表 14-1。

五、实训准备

1. 财会专用笔或钢笔、蓝黑或碳素墨水；
2. 会计数字书写错误订正训练（一）、（二）。

六、实训程序

在会计数字书写错误订正训练（一）、（二）中，进行会计数字书写错误订正书写训练，要求书写规范、流畅，指导教师认可。

表 14-1

	正确的更正方法								错误的更正方法							
	百	十	万	千	百	十	元	角	分	百	十	万	千	百	十	元	角	分
经办人盖章	7	4	5	6	1	2	8					7	4	~~5~~	~~6~~	1	2	8
	~~7~~	~~4~~	~~6~~	~~5~~	~~1~~	~~2~~	~~8~~											
经办人盖章			8	9	7	0	0						8	9	~~7~~	0	0
			~~8~~	~~9~~	~~5~~	~~0~~	~~0~~								~~5~~			
经办人盖章		3	5	8	7	0	0				3		~~5~~		7	0	0
		~~3~~	~~6~~	~~8~~	~~8~~	~~0~~	~~0~~						~~6~~	8	~~8~~			
经办人盖章			8	2	5	4	8					8	2	5	4	8
			~~8~~	~~1~~	~~6~~	~~4~~	~~8~~						~~8~~	~~1~~	~~6~~			
经办人盖章				5	9	5	6						5	9	5	6
				~~5~~	~~9~~	~~5~~	~~6~~	~~0~~					~~5~~	~~9~~	~~5~~	~~6~~		

七、实训设计

1. 实训形式：要求单人独立完成；
2. 实训时间：建议 1 个学时；
3. 实训地点：会计技能实训室。

在登记账簿时发现有几笔数额写错，请按正确更正方法进行更正，并加盖经办人印章。

表 14-2　　　　　　　　会计数字书写错误订正实训（一）

	错误的更正方法									正确的更正方法								
千	百	十	万	千	百	十	元	角	分	千	百	十	万	千	百	十	元	角	分
					5	0	6 ~~8~~	7	9										
			8 ~~8~~	5 ~~3~~	3 ~~5~~	1	9	6											
			7	2 ~~5~~	0	4	8 ~~6~~	0	3										
			6 ~~6~~	2 ~~2~~	8 ~~9~~	~~5~~	0	0											
~~7~~	~~6~~	~~0~~	~~5~~	~~8~~	7	6	0	5	8										
			¥	2 ~~2~~	8	6	5	0 ~~0~~											

表 14-3　会计数字书写错误订正训练（二）

错误的订正方法								正确的订正方法								订正要求
十万	万	仟	佰	十	元	角	分	十万	万	仟	佰	十	元	角	分	
		5	0	~~3~~ ~~8~~	1	5	7									
	8	~~8~~ ~~4~~	5	~~3~~ ~~8~~	0	2										
		7 ~~6~~	5 ~~7~~	6 ~~5~~	2	5	8									
		¥ ~~7~~	7 ~~5~~	5 ~~8~~	8 ~~2~~	2										
~~¥~~	¥ ~~2~~	2 ~~5~~	5 ~~6~~	6 ~~0~~	0 ~~8~~	8 ~~7~~	7									

实训十五　会计科目和会计摘要书写实训

一、实训目标

通过会计科目和会计摘要的书写训练，使学生正确掌握会计科目和会计摘要书写技巧。

二、实训内容

训练会计科目和会计摘要书写。

三、实训资料

港发公司2017年12月发生下列业务：

1. 2日，从银行提取现金20,000元备用。

2. 5日，向甲公司销售库存商品价款85,000元，应收增值税税额13,600元，甲公司以转账支票支付部分货款50,000元，余款暂欠。

3. 7日，从某单位购甲材料100,000元，增值税税额为16,000元，材料验收入库，货款未付。

4. 9日，收到投资人380,000元投资，存入银行。

5. 11日，从建设银行取得一项为期五年的长期借款250,000元，已存入银行账户。

6. 15日，以现金支付职工张华出差广州预借差旅费3,500元。

7. 18日，签发转账支票一张，支付应付甲公司货款49,500元。

8. 22日，以现金2,500元直接用于支付上述材料的运输及装卸费用。

9. 25 日，用银行存款偿还上月所欠某供货单位材料款 78,500 元。

10. 28 日，将现金 45,600 元存入银行。

11. 29 日，售给春华公司丙产品 200 个，单价 3,000 元，增值税税率为 16%，收到对方银行汇票一张，已办妥银行收款手续。

12. 31 日，以现金支付业务招待费 1,500 元。

四、实训准备

1. 财会专用笔或钢笔，蓝黑或碳素墨水。
2. 简化记账凭证。

五、实训程序

根据实训资料的经济业务，写出上述业务所使用的会计科目和每一项业务的摘要和金额，填入简化记账凭证中（见表 15-1），要求书写规范、流畅，指导教师认可。

表 15-1　　　　　　　　　　简化记账凭证

2017 年		凭证字号	摘　要	会计科目	明细科目	借方金额	贷方金额
月	日						

续表

2017年		凭证字号	摘　要	会计科目	明细科目	借方金额	贷方金额
月	日						

六、实训设计

1. 实训形式：要求单人独立完成。

2. 实训时间：建议 2 个学时。

第二篇 DIERPIAN

电子计算工具的操作与应用技能

实训十六　小键盘和计算器数字盲打实训（一）

一、实训目标

通过本实训，使学生熟悉计算机的小键盘和计算器的数字键，能够快速输入数字，进行盲打运算。

二、实训内容

将学生双眼遮挡住，使学生能够快速熟悉小键盘和计算器的数字键，进行盲打训练。

三、实训资料

小键盘和计算器盲打实训试卷（试卷由指导教师制定）。

四、实训指导

1. 小键盘指法训练。

（1）用右手食指、中指和无名指分别放在数字【4】、【5】、【6】键基准键位上，食指、中指、无名指、小指各负责一竖条四个键，每当击键完其他键后要迅速回到基准键位上。

（2）右手的中指：在小键盘分区中主要负责：【/】、【8】、【5】、【2】键，有时也可负责【0】键的击键工作，一般是将中指放于【5】基准键位上。

（3）右手的食指：在小键盘分区中主要负责【Num lock】、【7】、【4】、【1】键，有时也可负责【0】键的击键工作，一般是将食指放于【4】基准键位上。

（4）右手的无名指：小键盘分区中主要负责【*】、【9】、【6】、【3】、【·】键的击键工作，经常是将无名指放于【6】基准键位上。

（5）右手的小指：在小键盘分中主要负责【-】、【+】、【Enter】键的击键工作。

（6）右手的大拇指，在小键盘中主要负责【0】键的击键工作。

2. 按键技巧：按键时用力要轻重适度，动作幅度不易太大，手指尽量贴在键面上，当基本指法练熟后，逐步从眼看键盘变为尽量只看数据、少看或不看键盘，实现"盲打"。

五、实训准备

1. 录音机一台。
2. 计算机小键盘和计算器每人各一台。
3. 钢笔或签字笔。

六、实训程序

1. 先个人独立训练，后分组测试（10人一组），选出每组的前2名学生参加比赛。
2. 学生根据录音机中录音读出的12个数据，进行加、减算运算。

七、实训设计

1. 实训形式：要求单人独立完成。
2. 实训时间：建议3个学时，每次练习15分钟，经过反复训练，熟练程度逐渐加强。
3. 实训成绩：实训成绩单。

八、考核标准

准确6分，速度4分。

实训十七　小键盘和计算器数字盲打实训（二）

一、实训目标

通过小键盘和计算器数字盲打训练，帮助学生较快熟悉键盘。

二、实训内容

将学生双眼遮挡住，使学生能够快速进行数字盲打运算。

三、实训资料

1. 运用小键盘和计算器，对以下两题进行数字盲打训练：
（1）借助珠算中的打百子，从 $1+2+3+\cdots+99+100$，答案是 5,050。
（2）减百子，先输入 5,050，然后用 5,050 依次 $-1-2-3\cdots-99-100$，最后得 0。
2. 运用小键盘，对以下两题进行数字盲打训练：
（1）把 123,456,789 连加 10 次，和为 1,234,567,890，随后再逐笔减去 123,456,789，直到减完为 0。
（2）把 1,234,567,890 连加 10 次，和为 12,345,678,900，随后再逐笔减去

1，234，567，890，直到减完为 0。

（3）把 987，654，321 连加 10 次，和为 9，876，543，210，随后再逐笔减去 987，654，321，直到减完为 0。

四、实训准备

1．录音机一台。

2．计算器和小键盘每人各一台。

3．钢笔或签字笔。

五、实训程序

1．根据实训资料进行计算器和小键盘盲打实训，初练时可先看着键盘练习，练习多遍后，可试着不看键盘进行练习。

2．比赛。比赛要求盲打，比赛速度要由慢而快，速度要均匀，应做到每训练一段时间后参赛要比前次有进步。

3．以上实训必须要多练、苦练、持之以恒，才能收到良好的效果。

六、实训设计

1．实训形式：要求单人独立完成。

2．实训时间：建议 5 个学时，每次 10 分钟，要求经过多次反复训练。

3．实训成绩：实训成绩单。

实训十八　电子收银机操作实训

一、实训目标

通过本实训，使学生了解收银机的结构和分类及功能键；掌握收银机的操作流程和方法与技巧；了解收银机的故障及其排除方法；提高学生在实际工作中的应用能力，为实际工作打下良好的基础。

二、实训内容

掌握收银机的操作流程，能熟练地进行电子收银机的操作。

三、实训准备

1．收银机若干台。

2．钢笔或签字笔每人一支。

四、实训程序

1. 进行收银机操作前的准备工作。
2. 模拟收银机操作的每日工作流程。
3. 收银机差错处理的仿真训练。
4. 训练营业期间内正常离开收银台的作业程序。
5. 设置收银机常见故障，并让学生进行故障排除。

五、实训设计

1. 实训形式：要求单人独立完成。
2. 实训时间：建议2个学时，可以进行多次训练。
3. 实训地点：组织学生到会计技能实训室分组进行实际操作训练，有条件的可组织到商场、超市进行收银机实际操作训练。
4. 实训成绩：测试成绩单。

第三篇 DISANPIAN

点钞与验钞操作技能

实训十九　手工点钞操作实训

一、实训目标

通过本实训，使学生掌握手工点纱的方法与技巧，能够熟练掌握"手持式单指单张点钞法"，快速准确清点钞票。

二、实训内容

"手持式单指单张点钞法"训练。

三、实训资料

每人点钞券 30 把。

四、实训指导

"手持式单张点钞法"是最基本、最常用的点钞方法，可用于收付款的初点、复点以及新、旧、大、小面额钞票的整点。由于持票人持票所占的票面较小，视线可及票的 3/4，又是逐张捻动，容易发现假票，挑剔残破币也较方便。其具体操作如下：

1. 拆把。左手横执钞票，将钞票横立桌面，钞票正面朝向身体。左手手心向上，拇指、无名指和小指在钞票正面，食指和中指放在钞票背面，将钞票左端夹在中指、无名指之间，左手拇指在钞票正面左端约 1/4 处。食指伸直，拇指向上移动，按住钞票侧面，将钞票压成瓦形，右手上前脱去扎把纸条，或食指伸开，其他手指自然弯曲，左手腕向内弯扣，同时食指向前伸，将扎钞纸条勾断。

2. 持钞。拆把后，左手中指和无名指夹紧钞票左端，拇指按住钞票内侧将钞票向外翻推，拆出一个微开的扇面形状，食指伸直托住钞票背面，使钞票自然直立，与桌面基本垂直。同时，右手拇指、食指、中指蘸水作点钞准备。

3. 清点。左手持钞打开扇面后，右手拇指尖逐张向下捻动钞票的右上角，捻的幅度要小、要轻，不要抬得太高，以免影响速度。无名指同时配合拇指将捻动的钞票向下弹拨，拇指捻动一张，无名指弹拨一张；左手拇指随着点钞的进度逐步向后移动，食指向前推移钞票，以便加快钞票下落的速度。

4. 记数。记数要与清点同时进行，采用单数分组记数法记数。把10作1记，即1、2、3、4、5、6、7、8、9、1（10）；1、2、3、4、5、6、7、8、9、2（20）；依此类推，数到1、2、3、4、5、6、7、8、9、10（100）时，即整100张为一把。采用这种方法记数时要默记，做到手、眼、脑密切配合，既准又快。

5. 挑残破票。清点时发现残损钞票要随手向外折叠，使钞票伸出外面一截，待点完整把钞票后，再抽出残票补上好票。若发现可疑券，还应进行真伪鉴别。

6. 扎把。点完100张后，左手拇指与食指、中指之间捏住钞票，无名指、小指伸向钞票的背面，使钞票正面朝向身体，横执在桌面上，竖起墩齐，使其四端整齐，然后左手持钞，右手取扎把纸条将钞票捆扎牢固。扎把方法可依据自己的习惯，采用拧扎法或缠绕捆扎法。

7. 盖章。钞票扎把后，要在钞票侧面的扎把纸条上盖上点钞人员的名章，以明确责任，盖章要清晰可见。

五、实训准备

1. 蘸指盒。
2. 扎把腰条。
3. 书立。
4. 双面胶。
5. 名章。
6. 签字笔。

六、实训程序

运用"手持式单指单张点钞法"从一捆点纱券中清点出100张，扎把并盖章，要求快速准确。

七、实训设计

1. 实训形式：要求单人独立完成。
2. 实训时间：建议10个学时，每次10分钟，多次反复训练。
3. 实训成绩：测试成绩单。

八、点钞评分标准及注意事项

1. 必须按规定完成拆把、点数、扎把、盖章四道工序。
（1）要求指法规范、扎把牢固、动作连贯。
（2）手工点钞计数要确保计数准确无误后，再将钞票从持票指缝弹出。
（3）清点准确无误的整把（100张）钞票，将其墩齐，正面朝上，用扎把腰条将其捆好，不可太松，防止脱落或随意从中抽取钞券。

2. 发生下列情况之一的，该把票券不计成绩：

（1）不听口令抢先操作或延长时间的不计成绩。
（2）清点不正确，未挑出所设错或误挑错的。
（3）已点票券正确（包括清点正确的错把），但发生散把的（包括腰条扣散开）。
（4）挑出差错券和错原腰条的。
（5）已点，未计数或书写不清的。
（6）未按原把顺序点钞的。
（7）未使用规定点钞指法点钞的。
（8）漏拆原腰条的。
（9）同把券未墩齐，霞头超过 5 毫米或是梯形、船形的。
（10）盖章不清楚，不端正的。
（11）前扒后留的。

九、考核标准

"手持式单指单张点钞法"实训鉴定等级见表 19-1。

表 19-1　　　　　　　　　　实训鉴定等级

等级标准	手持式单指单张点钞法	
	时间（分钟）	数量（把）
初　级	10	12
中　级	10	17
高　级	10	19
能手级	10	22

实训二十　"手持式单指单张点钞法"比赛

一、实训目标

通过比赛，使同学们熟练掌握"手持式单指单张点钞"方法与技巧。

二、实训内容

进行"手持式单指单张点钞法"比赛。

三、实训资料

1. 点钞券 40 把。
2. 蘸指盒。
3. 扎把腰条。

4. 书立。

5. 双面胶。

6. 名章。

7. 签字笔。

8. 比赛成绩单。

四、实训形式

按组别，每轮比赛每组出 1 人。

五、实训规则

1. 手用定时计量的方法，要求在 5 分钟内完成点数、扎把等工序，计算实点钞券张数。
2. 每轮比赛分两次，取最佳成绩。
3. 点钞比赛到最后 30 秒时，裁判员报时一次。
4. 点钞结束时，点出的零头钞券不用捆扎。

六、点钞评分标准及注意事项

与实训十九同。

七、实训时间

比赛时间每次 5 分钟。

八、等级标准

"手持式单指单张点钞法"比赛等级标准见表 20 - 1。

表 20 - 1　　　　　　　　比赛鉴定等级

等级标准	手持（手按）式单指单张点钞法	
	时间（分钟）	数量（张）
及　格	5	300
良　好	5	400
优　秀	5	500

实训二十一　"手持式多指多张点钞法"比赛

一、实训目标

通过比赛，使同学们熟练掌握"手持式多指多张点钞"方法与技巧。

二、实训内容

进行"手持式多指多张点钞法"比赛。

三、实训资料

1. 点钞券 40 把。
2. 蘸指盒。
3. 扎把腰条。
4. 书立。
5. 双面胶。
6. 名章。
7. 签字笔。
8. 比赛成绩单。

四、实训形式

按组别,每轮比赛每组出 1 人。

五、实训规则

1. 手用定时计量的方法,要求在 5 分钟内完成点数、扎把等工序,计算实点钞券张数。
2. 每轮比赛分两次,取最佳成绩。
3. 点钞比赛到最后 30 秒时,裁判员报时一次。
4. 点钞结束时,点出的零头钞券不用捆扎。

六、点钞评分标准及注意事项

与实训十九同。

七、实训时间

比赛时间每次 5 分钟。

八、等级标准

"手持式多指多张点钞法"比赛等级标准见表 21-1。

表 21-1　　　　　　　　　　比赛鉴定等级

等级标准	手持(手按)式多指多张点钞法	
	时间(分钟)	数量(张)
及　格	5	400
良　好	5	500
优　秀	5	600

实训二十二 "手按式单指单张点钞法"比赛

一、实训目标

通过比赛,使同学们熟练掌握"手按式单指单张点钞"方法与技巧。

二、实训内容

进行"手按式单指单张点钞法"比赛。

三、实训资料

1. 点钞券40把。
2. 蘸指盒。
3. 扎把腰条。
4. 书立。
5. 双面胶。
6. 名章。
7. 签字笔。
8. 比赛成绩单。

四、实训形式

按组别,每轮比赛每组出1人。

五、实训规则

1. 手用定时计量的方法,要求在5分钟内完成点数、扎把等工序,计算实点钞券张数。
2. 每轮比赛分两次,取最佳成绩。
3. 点钞比赛到最后30秒时,裁判员报时一次。
4. 点钞结束时,点出的零头钞券不用捆扎。

六、点钞评分标准及注意事项

与实训十九同。

七、实训时间

比赛时间每次5分钟。

八、等级标准

"手按式单指单张点钞法"比赛等级标准与实训二十同。

实训二十三 "手按式多指多张点钞法"比赛

一、实训目标

通过比赛,使同学们熟练掌握"手按式多指多张点钞"方法与技巧。

二、实训内容

进行"手按式多指多张点钞法"比赛。

三、实训资料

1. 点钞券 40 把。
2. 蘸指盒。
3. 扎把腰条。
4. 书立。
5. 双面胶。
6. 名章。
7. 签字笔。
8. 比赛成绩单。

四、实训形式

按组别,每轮比赛每组出 1 人。

五、实训规则

与实训十九同。

六、点钞评分标准及注意事项

与实训十九同。

七、实训时间

比赛时间每次 5 分钟。

八、等级标准

"手按式多指多张点钞法"比赛等级标准：与实训二十同。

实训二十四　机器点钞操作实训

一、实训目标

通过本实训，使学生了解点钞机的功能，能够正确使用点钞机快速清点钞票，经过反复训练，达到熟能生巧的目标。

二、实训内容

使用点钞机清点钞票训练。

三、实训资料

纸币一把，面值由教师自行确定，张数为100张。

四、实训指导

机器点钞后，要注意将款从机器上取净，以防止遗落造成混把。

五、实训准备

1. 点钞机一台。
2. 纸币100张。

六、实训程序

从一把纸币中清点出若干张人民币。

七、实训设计

1. 实训形式：要求单人独立完成。
2. 实训时间：建议2个学时，每次5分钟，可以进行多次训练。
3. 实训成绩：测试成绩单。

八、考核标准

速度5分，质量5分。

实训二十五　人工鉴别人民币真伪实训

一、实训目标

通过本实训,使学生了解人民币的知识,掌握甄别假币的基本方法;熟练掌握人民币的防伪特征,能利用人工鉴别的方法识别人民币的真伪,通过反复训练,识别能力逐渐加强。

二、实训内容

1. 介绍2015年版和2005年版第五套人民币人民币100元、50元、20元券的防伪特征。
2. 人工鉴别人民币的真伪方法:看、听、摸、照、比、仪器检测。

三、实训资料

1. 2015年版人民币100元券的样币(正面),见图25-1;

图25-1　2015年版人民币100元券正面

2. 2015年版人民币100元券的样币（背面），见图25-2；

图25-2 2015年版人民币100元券背面

3. 2005年版人民币100元券的样币（正面），见图25-3；

图25-3 2005年版人民币100元券正面

4. 2005年版人民币100元券的样币（背面），见图25-4；

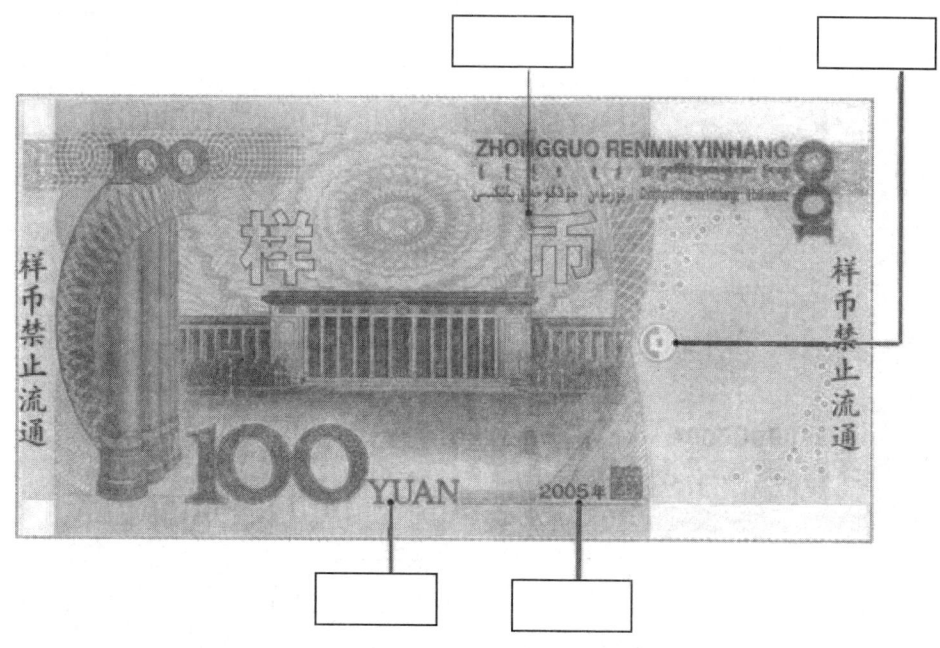

图25-4　2005年版人民币100元券背面

5. 2005年版人民币50元券的样币（正面），见图25-5；

图25-5　2005年版人民币50元券正面

6. 2005年版人民币50元券的样币（背面），见图25-6；

图25-6　2005年版人民币50元券背面

7. 2005年版人民币20元券的样币（正面），见图25-7；

图25-7　2005年版人民币20元券正面

8. 2005年版人民币20元券的样币（背面），见图25-8。

图25-8 2005年版人民币20元券背面

四、实训指导

鉴别假币的一般方法：

1. 伪造假币的鉴别方法。

（1）"看"，在现金整点中，注意看票面颜色、轮廓、花纹、线条、图案等是否清晰。

（2）"听"，用手指弹动或者晃动，其响声是否清脆。

（3）"摸"，用手摸纸张的质量和光滑度，摸水印、图案、花边、纹路等，有无压印和凹凸感。

（4）"照"，借助日光、灯光或紫光照看水印，防伪标志是否鲜明，有无变色图案等。

（5）"比"，通过看、听、摸、照，发现可疑币后，用真币与可疑币仔细对比辨别真伪。

2. 变造假币的鉴别方法。

仔细观察人民币断裂处是否有刀割和手撕，或割（撕）断后的花纹、断裂线条是否能照原样衔接。在纸条粘补处，应将纸条揭开察看其断裂处是否有短缺等。

五、实训准备

1. 2015年新版100元券和2005年版100元、50元和20元券的样币每人各一张。
2. 签字笔每人一支。

六、实训程序

1. 根据实训资料2015年新版人民币100元券的样币（正面），将如图25-1所示人民币100元券的防伪特征，按标记的数字写出相应的防伪标识。

2. 根据实训资料2015年新版人民币100元券的样币（背面），将如图25-2所示人民币100元券的防伪特征，按标记的数字写出相应的防伪标识。

3. 根据实训资料2005年版人民币100元券的样币（正面），将如图25-3所示人民币100元券的防伪特征填入相应的空格内。

4. 根据实训资料2005年版人民币100元券的样币（背面），将如图25-4所示人民币100元券的防伪特征填入相应的空格内。

5. 根据实训资料人民币50元券的样币（正面），将如图25-5所示人民币50元券的防伪特征填入相应的空格内。

6. 根据实训资料人民币50元券的样币（背面），将如图25-6所示人民币50元券的防伪特征填入相应的空格内。

7. 根据实训资料人民币20元券的样币（正面），将如图25-7所示人民币20元券的防伪特征填入相应的空格内。

8. 根据实训资料人民币20元券的样币（背面），将如图25-8所示人民币20元券的防伪特征填入相应的空格内。

七、实训设计

1. 实训形式：要求单人独立完成。
2. 实训时间：建议1个学时，每次10分钟，可以进行多次训练。
3. 实训地点：会计技能实训室。
4. 实训成绩：测试成绩单。

八、考核标准

表25-9　　　　　　　　　　人民币鉴别训练考核标准

考核评价等级	实训评价标准
优	3分钟内能迅速写出人民币11个识别点的名称及在钞票中的位置
良	5分钟内能迅速写出人民币11个识别点的名称及在钞票中的位置
合格	10分钟内能迅速写出人民币11个识别点的名称及在钞票中的位置

实训二十六　机器鉴别人民币真伪实训

一、实训目标

通过本实训，使学生熟练掌握机器鉴别人民币真伪的操作方法。

二、实训内容

使用验钞机识别假币。

三、实训资料

1. 100 张 50 元纸币。
2. 100 张 100 元纸币。

四、实训指导

1. 鉴别钞票的版本与选择鉴别功能的状态不一致时，会导致出现错检，此时应选择相对应的鉴别方式，进行重新检验。
2. 鉴别时，应选择不同的方式进行多次鉴别，以保证不出现失误。

五、实训准备

1. 验钞机一台。
2. 签字笔每人一支。

六、实训程序

使用验钞机，按照下列要求对钞票进行检验：
1. 紫光检验人民币。
2. 磁性检验人民币。

七、实训设计

1. 实训形式：要求单人独立完成。
2. 实训时间：建议 1 个学时，每次 10 分钟，可以进行多次训练。
3. 实训成绩：测试成绩单。

第四篇 DISIPIAN

会计资料的整理和装订技能

实训二十七 原始凭证整理实训

一、实训目标

通过本实训，使学生熟练掌握原始凭证整理基本技能，通过反复训练，达到熟能生巧的目标。

二、实训内容

1. 整理各种类别的原始凭证。
2. 整理过大的原始凭证。
3. 整理过小的原始凭证。

三、实训资料

1. 若干张较大的原始凭证，如机票、增值税专用发票等。
2. 若干张较小的原始凭证，如缴税凭证等。
3. 原始单据粘贴单一张。

四、实训准备

1. 胶水一瓶。
2. 印泥、印章、签字笔。

五、实训程序

学生个人独立完成，将粘贴好的凭证进行评比展示。

六、实训设计

1. 实训形式：要求单人独立完成。
2. 实训时间：建议 2 个学时，可以进行多次训练。

3. 实训成绩：测试成绩单。

七、考核标准

方法正确 5 分，粘贴整齐 5 分。

实训二十八　会计凭证装订实训

一、实训目标

通过本实训，使学生熟练掌握会计凭证装订基本技能，通过反复训练，达到熟能生巧的目标。

二、实训内容

1. 运用"角订法"，装订会计凭证。
2. 运用"侧订法"，装订会计凭证。

三、实训资料

会计模拟实习过程中形成的各种会计凭证，如现金收款凭证、银行收款凭证、现金付款凭证、银行付款凭证和转账凭证。

四、实训准备

1. 会计模拟实习过程中形成的各种会计凭证。
2. 钢笔或签字笔每人一支。

五、实训程序

1. 采用"角订法"，将会计凭证分别按凭证类别装订整理成册。
2. 采用"侧订法"，将会计凭证分别按凭证类别装订整理成册。

六、实训设计

1. 实训形式：要求单人独立完成。
2. 实训时间：建议 2 个学时，可以进行多次训练。
3. 实训成绩：测试成绩单。

七、注意事项

1. 装订时，一定将包角纸与封皮、凭证一起装订，否则包角纸起不到封条的作用。
2. 装订时，在凭证册背面起针、收针、打线绳结，将包角纸向后折叠，并将侧面和背面的线绳粘牢，否则容易损坏。

第五篇 DIWUPIAN

会计计算基本操作技能

实训二十九 珠算拨珠指法操作实训

一、实训目标

打算盘不仅要有正确的坐姿、清盘及执笔方法，更重要的是还要有正确的指法。通过本实训单指独拨、双指联拨、三指联拨和综合指法训练，使学生掌握其操作要领，以达到熟练运用单指独拨、双指联拨、三指联拨和综合指法拨珠的目的，为熟练掌握珠算加减乘除四则运算打下良好的基础。

二、实训内容

进行珠算拨珠指法训练。

三、实训资料

单指独拨、双指联拨、三指联拨和综合指法训练试卷每人四份。

1. 单指独拨。

(1) 运用拇指拨珠。

①	123,434	②	432,112	③	223,021	④	342,320
+	211,021	+	113,242	+	323,242	+	211,221
⑤	343,243	⑥	432,142	⑦	133,423	⑧	134,012
+	223,213	+	14,031	+	120,314	+	321,231
⑨	332,420	⑩	321,212	⑪	342,123	⑫	221,231
+	512,121	+	132,121	+	311,112	+	321,311

(2) 运用食指拨珠。

| ① 123,412
− 122,124 | ② 432,102
− 310,210 | ③ 222,402
− 111,031 | ④ 320,112
− 140,002 |

| ⑤ 421,132
− 221,131 | ⑥ 342,321
− 321,321 | ⑦ 243,321
− 131,121 | ⑧ 422,321
− 211,321 |

| ⑨ 432,221
− 222,121 | ⑩ 334,334
− 122,312 | ⑪ 342,232
− 121,221 | ⑫ 432,412
− 110,112 |

（3）运用中食拨珠。

| ① 555,555
− 550,555 | ② 555,550
− 555,500 | ③ 550,550
− 500,500 | ④ 555,055
− 550,055 |

| ⑤ 505,555
− 500,555 | ⑥ 555,555
− 505,505 | ⑦ 555,555
− 555,550 | ⑧ 555,505
− 505,505 |

2. 双指联拨。

（1）拇指和中指联拨。

A. 本档双靠。

| ① 111,111
+ 666,666 | ② 111,111
+ 777,888 | ③ 777,123
+ 212,876 | ④ 214,103
+ 765,696 |

| ⑤ 667,988
+ 321,011 | ⑥ 322,112
+ 677,767 | ⑦ 626,766
+ 362,213 | ⑧ 231,173
+ 668,826 |

| ⑨ 267,636
+ 632,362 | ⑩ 668,376
+ 321,623 | ⑪ 723,112
+ 266,777 | ⑫ 103,312
+ 786,667 |

B. 两档双靠。

| ① 555,000
+ 342,200 | ② 130,321
+ 555,555 | ③ 550,555
+ 430,443 | ④ 555,550
+ 341,340 |

| ⑤ 555,500
+ 434,200 | ⑥ 550,550
+ 340,420 | ⑦ 555,550
+ 432,340 | ⑧ 505,505
+ 304,403 |

C. 本档双离。

| ① 778,889
− 667,678 | ② 789,899
− 687,788 | ③ 987,789
− 876,678 | ④ 889,989
− 778,878 |

| ⑤ 989,897
− 876,786 | ⑥ 789,789
− 678,687 | ⑦ 989,889
− 878,767 | ⑧ 879,987
− 768,876 |

D. 两档双离。

① 454,545 − 150,515	② 325,478 − 105,253	③ 364,748 − 152,525	④ 482,797 − 251,545
⑤ 352,954 − 250,453	⑥ 864,798 − 352,253	⑦ 988,679 − 453,154	⑧ 887,729 − 252,515

E. 本档双上。

① 5,555 − 4,423	② 775,567 − 432,243	③ 777,777 − 343,434	④ 666,666 − 343,232
⑤ 868,787 − 434,343	⑥ 567,658 − 433,234	⑦ 567,865 − 423,432	⑧ 768,876 − 424,432
⑨ 576,566 − 234,432	⑩ 676,865 − 333,423	⑪ 658,867 − 424,433	⑫ 758,657 − 314,223

F. 两档双上。

① 685,737 + 555,505	② 362,638 + 50,505	③ 63,168 + 50,055	④ 878,567 + 55,550
⑤ 768,789 + 505,555	⑥ 787,687 + 555,555	⑦ 678,686 + 555,505	⑧ 787,789 + 555,055

G. 本档双下。

① 443,332 + 322,423	② 343,433 + 323,232	③ 232,432 + 423,423	④ 343,234 + 423,432
⑤ 424,243 + 243,432	⑥ 342,343 + 334,242	⑦ 234,442 + 343,343	⑧ 324,332 + 243,443

H. 两档双下。

① 424,414 − 152,505	② 242,223 − 155,015	③ 223,142 − 151,035	④ 364,244 − 50,555
⑤ 321,334 − 250,515	⑥ 343,243 − 151,525	⑦ 334,443 − 151055	⑧ 243,344 − 51,525

（2）食指和中指联拨。

A. 本档双离。

①	666,666 − 666,666	②	777,777 − 777,777	③	888,888 − 888888	④	999,999 − 999,999
⑤	668,786 − 607,786	⑥	688,768 − 680,768	⑦	667,878 − 660,878	⑧	987,587 − 987,087

B. 两档双离。

①	453,515 − 452,515	②	253,525 − 251,525	③	483,835 − 352,535	④	383,529 − 353,525
⑤	354,535 − 350,535	⑥	753,535 − 253,535	⑦	453,545 − 353,545	⑧	384,729 − 254,525

C. 本档双下。

①	123,221 + 432,334	②	232,334 + 323,221	③	312,243 + 243,312	④	431,314 + 124,241
⑤	423,421 + 132,134	⑥	432,321 + 123,234	⑦	234,432 + 321,123	⑧	341,213 + 214,342

D. 两档双下。

①	313,324 − 255,505	②	133,421 − 55,555	③	334,313 − 255,555	④	433,344 − 351,515
⑤	434,213 − 352,505	⑥	342,143 − 205,515	⑦	413,244 − 251,555	⑧	324,343 − 252,555

（3）拇指和食指联拨。

A. 扭进。

①	234,342 + 876,768	②	223,123 + 887,987	③	423,324 + 687,786	④	313,324 + 797,786
⑤	324,342 + 786,768	⑥	386,213 + 779,897	⑦	624,314 + 986,796	⑧	438,123 + 688,987
⑨	987,869 + 778,896	⑩	738,498 + 877,679	⑪	448,978 + 788,798	⑫	267,749 + 998,867

B. 扭退。

①	121,012	②	212,032	③	312,302	④	102,112
−	89,678	−	78,698	−	78,968	−	78,878
⑤	202,121	⑥	435,817	⑦	368,538	⑧	132,230
−	69,898	−	97,978	−	79,609	−	98,896
⑨	100,031	⑩	317,866	⑪	232,023	⑫	226,816
−	66,897	−	78,977	−	98,689	−	87,987

3. 三指联拨。

①	666,666	②	777,777	③	888,888	④	999,999
+	444,444	+	333,333	+	222,222	+	111,111
⑤	786,978	⑥	796,987	⑦	879,789	⑧	987,798
+	324,132	+	314,123	+	231,321	+	123,312
⑨	689,879	⑩	789,768	⑪	768,678	⑫	879,789
+	421,231	+	321,342	+	342,432	+	231,321
⑬	678,978	⑭	768,896	⑮	786,968	⑯	987,967
+	432,132	+	342,214	+	324,142	+	123,143
⑰	896,986	⑱	967,789	⑲	786,798	⑳	897,768
+	214,124	+	143,321	+	324,312	+	213,342

4. 综合指法。

①	523,234	②	234,243	③	234,342	④	132,234
+	442,343	+	243,432	+	432,432	+	423,321
⑤	254,345	⑥	687,768	⑦	898,987	⑧	986,768
−	254,345	−	687,768	−	786,768	−	868,686
⑨	432,231	⑩	897,689	⑪	243,431	⑫	321,432
+	976,898	+	213,421	+	867,679	+	789,678
⑬	512,432	⑭	328,643	⑮	342,532	⑯	321,230
−	254,326	−	252,857	−	256,586	−	279,786
⑰	586,794	⑱	658,568	⑲	562,897	⑳	854,612
+	748,328	+	865,467	+	648,978	+	748,823

四、实训准备

1. 算盘,每人一具。
2. 钢笔或签字笔每人一支。
3. 计时秒表。

五、实训程序

根据上述实训资料进行单指独拨、双指联拨、三指联拨和综合指法比赛,达到熟能生巧。

六、实训设计

1. 实训形式:要求单人独立完成。
2. 实训时间:建议4个学时,每次限时10分钟,可以进行多次比赛训练,直到熟练为止。
3. 实训地点:教室或会计技能实训室。
4. 实训成绩:测试成绩单一张。

实训三十　珠算基本加法操作实训

一、实训目标

珠算加法是乘法的基础。通过本实训,使学生掌握口诀加算要领,以达到运用加法口诀拨珠快速计算的目的。

二、实训内容

进行珠算基本加法训练。

三、实训资料

训练试卷每人五份:(1)直接的加法训练试卷;(2)补5的加法训练试卷;(3)去几进一加法训练试卷;(4)破5进10的加法训练试卷;(5)加法综合训练试卷。

1. 直接的加法。

① 32,562   ② 23,353   ③ 35,525   ④ 25,246
+ 62,427   + 35,542   + 63,153   + 74,633

⑤ 52,654   ⑥ 57,657   ⑦ 53,485   ⑧ 47,523
+ 23,245   + 32,342   + 45,213   + 52,376

⑨ 65,635   ⑩ 12,556   ⑪ 321,521   ⑫ 48,436
+ 34,354   + 87,343   + 478,428   + 51,562

⑬ 32,553   ⑭ 42,156   ⑮ 36,635   ⑯ 22,156
+ 65,346   + 56,732   + 63,343   + 36,323

⑰ 72,874   ⑱ 35,221   ⑲ 63,576   ⑳ 53,386
+ 23,123   + 63,258   + 32,312   + 23,513

2. 补 5 的加法。

① 43,314   ② 342,342   ③ 42,324   ④ 442,233
+ 24,344   + 334,423   + 33,434   + 433,432

⑤ 123,323   ⑥ 43,421   ⑦ 342,332   ⑧ 25,244
+ 434,344   + 33,243   + 234,234   + 43,432

⑨ 324,343   ⑩ 43,143   ⑪ 24,133   ⑫ 43,243
+ 442,342   + 34,443   + 42,424   + 24,313

⑬ 23,343   ⑭ 25,163   ⑮ 32,452   ⑯ 41,572
  31,211   43,224   43,313   24,304
+ 15,422   + 31,212   + 24,234   + 32,123

⑰ 12,332   ⑱ 34,343   ⑲ 36,452   ⑳ 34,323
  15,423   21,334   21,213   32,343
+ 72,143   + 43,322   + 21,334   + 31,323

3. 去几进一的加法。

① 65,879   ② 92,265   ③ 83,246   ④ 97,886
+ 45,878   + 78,956   + 68,995   + 43,925

⑤ 84,586   ⑥ 567,789   ⑦ 778,969   ⑧ 85,286
+ 38,768   + 784,325   + 584,355   + 89,987

⑨	98,276	⑩	56,496	⑪	97,886	⑫	88,768
+	95,839	+	87,649	+	58,459	+	62,756

⑬	42,756	⑭	24,756	⑮	92,367	⑯	65,839
	59,032		43,352		43,454		45,509
+	36,515	+	83,489	+	57,489	+	62,387

⑰	98,618	⑱	94,863	⑲	79,989	⑳	91,276
	75,429		96,542		59,787		32,843
	29,438		79,352		34,823		29,721
+	32,759	+	55,239	+	55,432	+	31,958

4. 破 5 进 10 的加法。

①	6,656	②	5,656	③	5,567	④	8,565
+	7,875	+	7,689	+	8,967	+	4,768

⑤	65,567	⑥	68,657	⑦	89,768	⑧	56,656
+	68,757	+	88,456	+	69,579	+	76,789

⑨	87,476	⑩	82,783	⑪	65,783	⑫	58,267
	59,659		68,387		41,658		83,576
+	63,645	+	88,631	+	71,678	+	36,789

⑬	48,673	⑭	83,576	⑮	17,756	⑯	64,785
	47,387		73,572		76,387		59,968
	93,255		65,783		26,719		79,456
+	84,668	+	54,678	+	65,239	+	71,062

⑰	92,453	⑱	88,438	⑲	74,865	⑳	84,563
	86,856		75,885		89,987		61,345
	96,546		43,456		78,768		95,856
	36,873		52,051		47,549		76,472
+	78,817	+	69,193	+	78,754	+	85,639

5. 加法综合。

①	78.56	②	624	③	2.59	④	827
	57.24		295		8.36		325
	94.86		289		6.84		345
	23.78		645		9.78		259
	95.32		634		1.39		415
	87.97		757		5.84		546
	68.56		358		2.76		358
+	56.89	+	850	+	3.55	+	927

⑤	3,847	⑥	1,947	⑦	527.05	⑧	8,123
	7,932		589		28.25		43,805
	654		2,198		753.14		6,927
	6,247		598		987.28		785
	9,275		789		23.46		75,625
	9,217		7,187		96.38		49,512
	821		5,821		42.67		789
	504		584		61.83		367
	247		827		83.75		504
+	5,219	+	958	+	25.68	+	42,258
⑨	72.33	⑩	16,819	⑪	45,987	⑫	159,847
	25.97		163		92,875		875,147
	67.58		654		85,654		62,654
	61.35		792		68,952		348,905
	89.98		6,275		59,613		932,865
	74.89		19,237		32,148		650,574
	75.68		438		23,597		95,821
	69.34		15,584		64,784		574,594
	43.89		489		98,547		28,687
+	52.34	+	25,319	+	35,591	+	127,153
⑬	635.95	⑭	8,560.85	⑮	319,785	⑯	793,852
	3,273.55		392.06		857,628		520,739
	85,654.49		85,654.52		75,753		107,148
	635.95		27,952.19		357,809		65,189
	3,273.55		50,613.93		438,591		932,629
	85,654.49		325.94		135,249		890,223
	27,854.12		3,497.89		19,358		78,872
	83,623.32		64,854.26		598,716		387,753
	5,769.89		9,347.83		690,815		35,816
	24,132.92	+	35,591.75	+	89,132	+	382,256
⑰	935.73	⑱	4,541.76	⑲	939,082	⑳	250,258
	2,272.52		373.29		159,642		725,603
	45,686.43		65,684.57		385,457		518,428
	57,817.18		57,935.33		659,325		95,367
	53,652.33		80,617.64		368,058		831,526
	6,787.85		353.59		385,428		780,325
	34,193.91		4,487.61		609,594		72,879
	1,329.45		94,515.24		915,372		586,451
	53,517.19		7,389.12		590,765		75,896
+	6,858.26	+	25,571.86	+	85,739	+	283,798

四、实训准备

1. 算盘每人一具。

2. 钢笔或签字笔每人一支。
3. 计时秒表。

五、实训程序

根据上述实训资料进行珠算加法训练。

六、实训设计

1. 实训形式：要求单人独立完成。
2. 实训时间：每次 5 分钟。
3. 实训成绩：测试成绩单一张。

七、注意事项

1. 在运算过程中不得跳题，每跳一题，倒扣一题分数。
2. 更改答数必须将原答数用单线划去，重新写上新的答数，凡不用划线更正，任意涂改数字的作错题处理。
3. 小数点、分节号必须有明显区别，凡属小数点漏点或点错位置的作错题论，答题正确但分节号漏点或错点的，每题倒扣 1 分。
4. 答数必须书写清楚，凡字迹过于潦草、老师无法辨认的作错题论，一题有两个答数的作错题论。

八、评分标准

评分标准为每题 1 分。考核标准，见表 30 - 1。

表 30 - 1　　　　　　　　　　珠算加法考核标准

姓名：	日期：		成绩：
考核项目	考核标准及要求（100 题，限时一学时）	每项分值	得分
珠算加法实训	45 分钟内加法运算准确题数 100 题	100	
	45 分钟内加法运算准确题数 90 题	90	
	45 分钟内加法运算准确题数 80 题	80	
	45 分钟内加法运算准确题数 70 题	70	
	45 分钟内加法运算准确题数 60 题	60	

实训三十一　珠算基本减法操作实训

一、实训目标

珠算减法是除法的基础。通过本实训训练，使学生掌握口诀减算要领，以达到熟练运用口诀拨珠快速计算的目的。

二、实训内容

进行珠算基本减法训练。

三、实训资料

训练试卷每人五份：(1) 直接的减法训练试题；(2) 破 5 的减法训练试题；(3) 退 10 的减法训练试题；(4) 退 10 补 5 的减法训练试题；(5) 减法综合训练试题；(6) 加减混合训练试题。

1. 直接的减法。

①	9,876 − 4,275	②	7,898 − 5,776	③	9,459 − 3,358	④	4,587 − 3,568
⑤	18,479 − 15,324	⑥	35,499 − 25,387	⑦	79,879 − 24,253	⑧	48,699 − 23,543
⑨	99,964 − 54,853	⑩	89,937 − 79,425	⑪	78,749 − 65,538	⑫	66,979 − 55,465
⑬	89,989 25,235 − 52,103	⑭	89,998 32,343 − 52,100	⑮	98,789 65,565 − 32,214	⑯	98,987 56,651 − 21,321
⑰	89,889 31,317 − 53,012	⑱	98,169 32,153 − 51,015	⑲	76,897 21,231 − 55,151	⑳	947,989 121,435 − 526,003

2. 破 5 的减法。

①	5,555 − 4,324	②	6,666 − 2,234	③	6,777 − 3,434	④	5,657 − 2,243
⑤	6,766 − 4,423	⑥	5,676 − 2,342	⑦	7,687 − 3,343	⑧	8,657 − 4,234
⑨	68,756 − 45,324	⑩	55,667 − 13,234	⑪	67,676 − 34,432	⑫	65,667 − 42,324
⑬	87,685 45,342 − 32,123	⑭	98,765 44,423 − 32,231	⑮	878.65 342.23 − 423.32	⑯	978,676 234,243 − 532,323
⑰	68,665 44,432 − 21,232	⑱	89,658 34,324 − 23,124	⑲	875.87 434.43 − 231.32	⑳	568.57 224.43 − 312.12

3. 退 10 的减法。

	① 3,352 − 786	② 4,523 − 895	③ 5,452 − 693	④ 5,123 − 456
	⑤ 25,432 − 8,765	⑥ 26,215 − 6,597	⑦ 35,745 − 9,868	⑧ 52,562 − 35,798
	⑨ 33,035 − 9,678	⑩ 54,253 − 38,598	⑪ 57,353 − 38,796	⑫ 66,532 − 48,895
	⑬ 753,123 − 586,769	⑭ 535,765 − 198,786	⑮ 916,676 − 868,898	⑯ 951,687 − 798,798
	⑰ 54,652 　 29,982 − 35,679	⑱ 83,325 　 34,589 − 28,837	⑲ 83,243 　 14,988 − 48,798	⑳ 63,864 　 15,986 − 17,889

4. 退 10 补 5 的减法。

	① 2,342 − 787	② 3,432 − 877	③ 4,433 − 878	④ 8,334 − 779
	⑤ 13,433 − 7,878	⑥ 14,334 − 8,779	⑦ 34,334 − 7,778	⑧ 24,344 − 8,679
	⑨ 344,343 − 88,786	⑩ 643,444 − 857,887	⑪ 133,434 − 77,879	⑫ 344,334 − 88,778
	⑬ 34,243 　 7,678 − 4,872	⑭ 443.42 　 67.85 − 253.56	⑮ 945.64 　 385.97 − 237.76	⑯ 938.44 　 476.89 − 234.96
	⑰ 844,344 　 385,788 　 168,689 − 257,598	⑱ 743,443 　 256,895 　 195,958 − 267,647	⑲ 843,344 　 288,689 　 356,789 − 176,856	⑳ 743,334 　 277,889 　 136,795 − 297,368

5. 减法综合。

	① 9,638 　 587 　 2,756 　 865 　 1,719 　 656 − 2,073	② 9,327 　 568 　 3,824 　 892 　 2,437 　 585 − 697	③ 8,348 　 1,567 　 872 　 983 　 2,684 　 785 − 539	④ 8,695 　 483 　 876 　 2,562 　 547 　 2,765 − 658

⑤	9,538	⑥	456,986	⑦	983,569	⑧	893,985
	695		9,397		6,857		46,894
	756		268,578		362,576		235,376
	3,947		184,369		95,746		357,268
	692		5,895		82,985		38,926
	893		9,357		195,658		182,659
−	1,568	−	68,829	−	68,459	−	31,579
⑨	958,675	⑩	875,459	⑪	7,686.48	⑫	27,539.58
	67,593		65,972		627.82		981.36
	175,764		83,798		358.97		5,683.47
	259,875		75,417		674.85		476.68
	98,627		387,659		3,982.76		854.79
	92,868		86,792		849.54		983.86
−	185,645	−	97,594	−	567.83	−	7,541.28

6. 加减混合。

①	65,423	②	73,289	③	630,516	④	9,350.35
−	2,892		42,013	−	51,359		2,198.22
	18,531	−	65,827		25,842		123.98
−	763		943		15,902		980.78
	8,049	−	6,348		158,857	−	321.57
	5,217		257	−	94,678		1,509.15
−	3,145	−	321		68,589	−	228.23
⑤	836,592	⑥	9,359.65	⑦	8,545.78	⑧	36,582.98
−	54,367		297.32	−	527.36	−	989.76
	8,214	−	5,389.97		1,489.52		8,345.83
−	3,182		895.42	−	936.48	−	923.65
	75,604		784.87		765.76		3,632.37
−	175,235		2,950.45	−	5,839.58	−	354.78
	358,580	−	685.78		956.69		5,586.92
⑨	936,592	⑩	547,693	⑪	8,236,298	⑫	836,793
−	59,367		78,625		807,764		59,367
	742,238	−	83,974		983,783	−	642,238
	8,564		62,695	−	265,347		58,714
	87,964	−	84,521		46,832		87,568
	5,689		746,983	−	958,874		5,686
	74,578	−	71,492		95,265	−	96,175
⑬	785,376	⑭	15,835,756	⑮	2,798,576	⑯	3,697,436
	59,489	−	804,573		865,878		327,815
−	297,528		68,694	−	68,294	−	68,294
	78,349	−	4,589		23,586		493,687
−	6,827		672,384		87,389	−	98,581
	85,784	−	8,817		3,825		63,982
−	8,537	−	75,685	−	97,285	−	397,786

⑰	86,463.82	⑱	9,345.28	⑲	9,172.59	⑳	35,962.68
−	9,657.39		892.67		528.65		763.87
	296.76		2,489.63		479.38	−	9,519.67
−	3,898.59	−	628.48	−	3,975.34		659.86
−	723.48		562.75		943.96	−	8,924.53
	5,476.35	−	4,854.39		548.92		578.67
	629.58		657.62	−	4,762.78	−	7,683.68

四、实训准备

1. 算盘每人一具。
2. 钢笔或签字笔每人一支。
3. 计时秒表。

五、实训程序

根据上述实训资料进行珠算减法训练，达到熟能生巧。

六、实训设计

1. 实训形式：要求单人独立完成。
2. 实训时间：每次 5 分钟。
3. 实训成绩：测试成绩单一张。

七、注意事项

1. 在运算过程中不得跳题，每跳一题，倒扣一题分数。
2. 更改答数必须将原答数用单线划去，重新写上新的答数，凡不用划线更正，任意涂改数字的作错题处理。
3. 小数点、分节号必须有明显区别，凡属小数点漏点或点错位置的作错题论，答题正确但分节号漏点或错点的，每题倒扣 1 分。
4. 答数必须书写清楚，凡字迹过于潦草、老师无法辨认的作错题论，一题有两个答数的作错题论。

八、等级标准

评分标准为每题 1 分。考核标准见表 31 - 1。

表 31 - 1　　　　　　　　珠算减法考核标准

姓名：　　　　　　　　日期：　　　　　　　　成绩：

考核项目	考核标准及要求（112 题，限时一学时）	每项分值	得分
珠算减法实训	45 分钟内减法运算准确题数 112 题	112	
	45 分钟内减法运算准确题数 100 题	100	
	45 分钟内减法运算准确题数 90 题	90	
	45 分钟内减法运算准确题数 80 题	80	
	45 分钟内减法运算准确题数 70 题	70	
	45 分钟内减法运算准确题数 60 题	60	

实训三十二 珠算乘法操作实训

一、实训目标

珠算乘法在四则运算中起着承上启下的作用,乘法学好了,除法就容易学了。通过本实训,使学生理解大九九口诀的含义,掌握积的固定个位档定位法及空盘前乘法的运算要领,熟练运用空盘前乘法快速准确计算,提高工作效率。

二、实训内容

进行珠算乘法训练。

三、实训资料

训练试卷每人两份:(1)一位数乘法训练试题(见表32-1);(2)多位数乘法训练试题(见表32-2)。

表 32-1　　　　　　　　　　一位数乘法训练试题

1	2×125=	21	8×2,657=	41	7×25,756=
2	2×459=	22	9×5,159=	42	3×24,947=
3	2×596=	23	9×1,287=	43	3×24,869=
4	3×253=	24	9×2,378=	44	9×28,259=
5	3×923=	25	3×4,647=	45	8×87,529=
6	3×468=	26	8×3,986=	46	3×24,689=
7	4×596=	27	2×8,476=	47	2×39,825=
8	4×697=	28	2×8,452=	48	6×38,274=
9	4×782=	29	7×5,287=	49	4×58,462=
10	5×387=	30	9×4,869=	50	2×25,768=
11	5×923=	31	9×7,592=	51	9×28,358=
12	5×328=	32	5×2,765=	52	5×74,569=
13	6×827=	33	8×7,592=	53	6×39,624=
14	6×755=	34	2×3,584=	54	7×24,896=
15	6×857=	35	6×2,765=	55	4×32,857=
16	7×892=	36	6×9,246=	56	8×25,928=
17	7×259=	37	5×8,246=	57	9×56,498=
18	7×498=	38	4×9,785=	58	6×25,986=
19	8×596=	39	3×9,736=	59	5×58,462=
20	8×298=	40	4×4,387=	60	4×84,748=

表32-2　　　　　　　　多位数乘法训练试题

1	5,495×7,018=	26	473×5,986=
2	6,594×4,207=	27	2,792×397=
3	2,792×397=	28	6,594×4,207=
4	727×386=	29	5,835×7,472=
5	286×782=	30	4,289×6,932=
6	187×5,814=	31	0.8838×943=
7	5,787×7,516=	32	4,536×0.472=
8	3,968×397=	33	8,787×34.29=
9	3,434×10.73=	34	48.49×5,268=
10	2,722×3,086=	35	5,495×7,018=
11	4,784×7.93=	36	6,945×4,705=
12	3,297×87.45=	37	396×5,775=
13	2,189×713=	38	3,434×10.73=
14	4,364×7,305=	39	0.775×8,367=
15	2,594×7,018=	40	4,537×395=
16	6,369×7,086=	41	2,936×837=
17	29.39×8,473=	42	7,995×52.37=
18	0.37×56.56=	43	997×2,748=
19	5,835×7,205=	44	4,399×7,063=
20	5,886×5,046=	45	4,798×58.76=
21	665×4,872=	46	1,673×7,348=
22	6.96×0.7865=	47	286×60,957=
23	396×5,782=	48	14.79×260.4=
24	5,756×3,684=	49	9,762×362=
25	2,492×38.27=	50	9,736×260=

四、实训准备

1. 算盘每人一具。
2. 钢笔或签字笔每人一支。
3. 计时秒表。

五、实训程序

根据上述实训资料，采用空盘前乘法对一位数乘法训练试题和多位数乘法训练试题进行运算，达到熟能生巧。

六、实训设计

1. 实训形式：要求单人独立完成。

2. 实训时间：每次 10 分钟。

3. 实训成绩：测试成绩单一张。

七、考核标准

珠算乘法实训考核标准见表 32-3。

表 32-3　　　　　　　　　　珠算乘法实训考核标准

考核项目	序号	考核标准及要求（110题，限时一学时）	每项分值	得分
珠算乘法实训	1	45分钟内乘法运算准确题数110题	110	
	2	45分钟内乘法运算准确题数100题	100	
	3	45分钟内乘法运算准确题数90题	90	
	4	45分钟内乘法运算准确题数80题	80	
	5	45分钟内乘法运算准确题数70题	70	
	6	45分钟内乘法运算准确题数60题	60	

实训三十三　一位数除法操作实训（一）

一、实训目标

要求学生熟练掌握"一位数隔位商除法"、"归除法"和"归商结合除法"的运算，达到快速运算的目标。

二、实训内容

进行"一位数隔位商除法"、"归除法"和"归商结合除法"训练。

三、实训资料

训练试卷每人两份：一位数除法计算训练试题（一）、（二），见表 33-1、表 33-2。

表 33-1　　　　　　　　一位数除法计算训练试题（一）

（1）2,586÷3 =	（11）23,010÷30 =
（2）3,879÷4 =	（12）37,890÷8 =
（3）1,165÷5 =	（13）57,845÷5 =
（4）8,756÷8 =	（14）15,885÷9 =
（5）6,759÷30 =	（15）3,008.39÷0.07 =
（6）3,879÷50 =	（16）51,678÷600 =

续表

(7) 8,568÷200 =	(17) 35,689÷4 =
(8) 67,592÷7 =	(18) 51,786÷6 =
(9) 68,748÷6 =	(19) 45,245÷5 =
(10) 86,412÷40 =	(20) 32,220÷90 =

表33－2　　　　　　　　一位数除法计算训练试题（二）

(1) 45,869÷2 =	(11) 6,366÷60 =
(2) 5,184÷3 =	(12) 55,288÷8 =
(3) 90,516÷40 =	(13) 389,456÷0.05 =
(4) 87,570÷6 =	(14) 90,517÷0.7 =
(5) 2,331÷70 =	(15) 87,000÷6 =
(6) 359,645÷500 =	(16) 32,424÷700 =
(7) 3,231÷9 =	(17) 43,232÷0.08 =
(8) 52,332÷80 =	(18) 540,600÷300 =
(9) 6,321÷7 =	(19) 95,678÷5 =
(10) 32,060÷8 =	(20) 81,207÷9 =

四、实训准备

1. 算盘每人一具。
2. 钢笔或签字笔每人一支。
3. 计时秒表。

五、实训程序

根据上述实训资料一位数除法计算训练试题（一）、（二），要求运用算前固定个位档定位法定位，采用商除法、归除法和归商结合除法的算盘算式或简捷盘式运算活动步骤进行运算（保留两位小数，以下四舍五入）。

六、实训设计

1. 实训形式：要求单人独立完成。
2. 实训时间：每次10分钟。
3. 实训成绩：测试成绩单一张。

七、注意事项

1. 每份训练题给出题目40题，在运算过程中不得跳题，每跳一题，倒扣一题分数。
2. 更改答数必须将原答数用单线划去，重新写上新的答数，凡不用划线更正，任意涂改数字的作错题处理。
3. 小数点、分节号必须有明显区别，凡属小数点漏点或点错位置的作错题论，答题正确但分节号漏点或错点的，每题倒扣1分。

4. 答数必须书写清楚，凡字迹过于潦草、老师无法辨认的作错题论，一题有两个答数的作错题论。

八、等级标准

评分标准为每题 2.5 分。考核标准见表 33 – 3。

表 33 – 3　　　　　　　　　　　珠算除法实训考核标准

考核项目	考核标准及要求（40 题，限时一学时）	每项分值	得分
珠算除法实训	10 分钟内除法运算准确题数 40 题	100	
	10 分钟内除法运算准确题数 35 题	87.5	
	10 分钟内除法运算准确题数 30 题	75	
	10 分钟内除法运算准确题数 25 题	62.5	

实训三十四　一位数除法操作实训（二）

一、实训目标

要求学生熟练掌握一位数不隔位商除法和归除法及归商结合除法的运算，达到快速运算的目的。

二、实训内容

分别进行一位数不隔位商除法和归除法及归商结合除法训练。

三、实训资料

实训试卷每人两份：一位数除法计算训练试题（一）和（二）。

表 34 – 1　　　　　　　　　　　一位数除法计算训练试题（一）

（1）23,586 ÷ 2 =	（11）523,010 ÷ 40 =
（2）35,868 ÷ 6 =	（12）437,886 ÷ 9 =
（3）17,171 ÷ 7 =	（13）257,845 ÷ 7 =
（4）86,742 ÷ 9 =	（14）315,885 ÷ 8 =
（5）56,720 ÷ 40 =	（15）53,008.39 ÷ 0.08 =
（6）23,880 ÷ 60 =	（16）851,678 ÷ 400 =
（7）48,600 ÷ 300 =	（17）735,689 ÷ 5 =
（8）567,592 ÷ 8 =	（18）451,786 ÷ 7 =
（9）368,746 ÷ 7 =	（19）687,948 ÷ 6 =
（10）786,412 ÷ 50 =	（20）832, ÷ 70 =

表 34-2　　　　　　　　一位数除法计算训练试题（二）

（1）345,867÷3=	（11）36,366÷50=
（2）65,184÷5=	（12）755,292÷6=
（3）290,520÷60=	（13）589,456.02÷0.06=
（4）787,570÷8=	（14）80,517÷0.8=
（5）32,30÷90=	（15）187,005÷7=
（6）658,800÷600=	（16）432,683÷800=
（7）43,232÷8=	（17）843,232.05÷0.09=
（8）752,280÷60=	（18）740,654÷500=
（9）56,322÷6=	（19）95,676÷6=
（10）332,059÷7=	（20）582,387÷8=

四、实训准备

1. 算盘每人一具；
2. 钢笔或签字笔每人一支；
3. 计时秒表。

五、实训程序

根据上述实训资料一位数除法计算训练试题（一）和（二），要求运用算前固定个位档定位法定位，采用不隔位商除法和归除法及归商结合除法的算盘盘式或简捷盘式运算活动步骤进行运算。（保留两位小数，以下四舍五入）

六、实训设计

1. 实训形式：要求单人独立完成。
2. 实训时间：每次 10 分钟。
3. 实训地点：教室或会计技能实训室。
4. 实训成绩：训练成绩单一张。

七、等级标准

注意事项和评分标准及考核标准与实训三十三同。

实训三十五　多位数除法操作实训（一）

一、实训目标

要求学生熟练掌握多位数隔位商除法、归除法和归商结合除法的运算，达到快速运算的目标。

二、实训内容

进行多位数隔位商除法、归除法和归商结合除法训练。

三、实训资料

训练试卷每人两份：多位数除法计算训练试题（一）、（二），见表35-1、表35-2。

表35-1　　　　　　　　多位数除法计算训练试题（一）

(1) 4,484÷76=	(11) 104,308÷293=
(2) 145,068÷314=	(12) 632,255÷923=
(3) 213,948÷566=	(13) 162,272÷352=
(4) 31,906÷602=	(14) 2,904,426÷4,662=
(5) 461,188÷724=	(15) 240,548÷781=
(6) 67,782÷715=	(16) 156,524÷359=
(7) 1,123,850÷3,458=	(17) 395,637÷627=
(8) 1,980,657÷62.58=	(18) 448,152÷526=
(9) 135,603÷549=	(19) 2,183,328÷4,256=
(10) 230,580÷732=	(20) 388,732÷628=

表35-2　　　　　　　　多位数除法计算训练试题（二）

(1) 9,128÷56=	(11) 27,434÷58=
(2) 23,345÷35=	(12) 15,350.58÷82.53=
(3) 304,384÷328=	(13) 531,216÷2,232=
(4) 142,395÷165=	(14) 107,010÷738=
(5) 30,814÷62=	(15) 44,460÷855=
(6) 41,244÷0.0525=	(16) 63,168÷329=
(7) 4,399,650÷675=	(17) 358,698÷573=
(8) 1,831,005÷2,673=	(18) 2,777,284÷482=
(9) 168,264÷369=	(19) 211,365÷385=
(10) 402,232÷734=	(20) 3,973,332÷5,826=

四、实训准备

1. 算盘每人一具。
2. 钢笔或签字笔每人一支。
3. 计时秒表。

五、实训程序

根据实训资料，要求用算前固定个位档定位法盘上定位，采用商除法、归除法和归商结合除法的算盘盘式或简捷盘式运算步骤进行运算。（保留两位小数，以下四舍五入）

六、实训设计

1. 实训形式：要求单人独立完成。
2. 实训时间：每次10分钟。

3. 实训地点：教室或会计技能实训室。
4. 实训成绩：训练成绩单一张。

七、等级标准

注意事项和评分标准及考核标准与实训三十三同。

实训三十六　多位数除法操作实训（二）

一、实训目标

要求学生熟练掌握多位数隔位商除法和归除法及归商结合除法的运算，达到快速运算的目的。

二、实训内容

进行多位数不隔位商除法和归除法及归商结合除法训练。

三、实训资料

训练试卷每人两份：多位数除法计算训练试题（一）和（二）。

表 36-1　　　　多位数除法计算训练试题（一）

（1）54,484÷78=	（11）104,308÷832=
（2）3,145,068÷514=	（12）632,255÷754=
（3）5,213,948÷436=	（13）162,272÷632=
（4）631,906÷732=	（14）2,904,426÷7,682=
（5）7,461,188÷514=	（15）240,548÷592=
（6）867,782÷836=	（16）156,524÷735=
（7）2,123,850÷6,258=	（17）395,637÷852=
（8）6,980,657÷79.58=	（18）448,152÷376=
（9）3,135,603÷479=	（19）2,183,328÷5,486=
（10）4,230,580÷282=	（20）388,732÷379=

表 36-2　　　　多位数除法计算训练试题（二）

（1）149,815÷361=	（11）329,256÷538=
（2）3,543,345÷625=	（12）914,431.04÷72.62=
（3）2,503,836÷628=	（13）5,830,428÷2,252=
（4）7,182,395÷275=	（14）1,207,206÷938=
（5）850,700÷724=	（15）846,484÷862=
（6）671,244.875÷0.035=	（16）782,936÷328=
（7）34,698,650÷875=	（17）3,457,874÷673=
（8）61,848,162÷3,681=	（18）32,763,416.40÷68.20=
（9）3,468,150÷378=	（19）4,232,720÷785=
（10）2,801,012÷634=	（20）5,971,875÷6,825=

四、实训准备

1. 算盘每人一具；
2. 钢笔或签字笔每人一支；
3. 计时秒表。

五、实训程序

根据实训资料多位数除法计算训练试题（一）和（二），要求用算前固定个位档定位法盘上定位，分别采用不隔位商除法和归除法及归商结合除法的算盘盘式或简捷盘式运算步骤进行运算。（保留两位小数，以下四舍五入）

六、实训设计

1. 实训形式：要求单人独立完成；
2. 实训时间：每次 10 分钟；
3. 实训地点：教室或会计技能实训室；
4. 实训成绩：训练成绩单一张。

七、等级标准

注意事项和评分标准及考核标准与实训三十三同。

实训三十七　珠算除法简捷算法操作实训（一）

一、实训目标

珠算除法简捷算法在珠算除法中起到提高运算速度的作用。通过本实训，使学生掌握珠算简捷除法操作方法，精简运算过程，运算速度大大加快，从而显著提高工作效率。

二、实训内容

进行珠算补数除法训练。

三、实训资料

训练试卷每人两份：珠算除法训练试题（一）和（二）。

表 37-1　　　　　　　　珠算除法计算训练试题（一）

(1) 396,723.60 ÷ 9.80 =	(2) 25,026 ÷ 97 =
(3) 54,880 ÷ 980 =	(4) 135,234.12 ÷ 0.98 =
(5) 72,355 ÷ 99.80 =	(6) 375,928 ÷ 98 =
(7) 54,972.50 ÷ 999.50 =	(8) 7,577.20 ÷ 99.70 =
(9) 435,499.20 ÷ 9.18 =	(10) 58,170.90 ÷ 9.70 =
(11) 369.26 ÷ 998 =	(12) 649.22 ÷ 998.80 =
(13) 0.9604 ÷ 0.98 =	(14) 87.032 ÷ 0.946 =
(15) 545.75 ÷ 9.25 =	(16) 732,737.04 ÷ 99.4 =
(17) 0.1938 ÷ 9.69 =	(18) 4,212.04 ÷ 0.98 =
(19) 765.529 ÷ 0.937 =	(20) 36,726.40 ÷ 9,980 =

表 37-2　　　　　　　　珠算除法计算训练试题（二）

(1) 52,744 ÷ 9.50 =	(2) 312,130 ÷ 98 =
(3) 63,700 ÷ 980 =	(4) 654,213.70 ÷ 0.98 =
(5) 32,636 ÷ 99.50 =	(6) 528,010 ÷ 95 =
(7) 47,990.40 ÷ 999.80 =	(8) 78,186 ÷ 99.6 =
(9) 392,904 ÷ 918 =	(10) 76,080 ÷ 9.6 =
(11) 375.44 ÷ 988 =	(12) 548.13 ÷ 997.8 =
(13) 0.7566 ÷ 0.97 =	(14) 681.12 ÷ 94.60 =
(15) 78.625 ÷ 92.50 =	(16) 3,479 ÷ 99.40 =
(17) 0.14535 ÷ 0.969 =	(18) 372.40 ÷ 9.80 =
(19) 2,173.84 ÷ 9.37 =	(20) 848,300 ÷ 9,980 =

四、实训准备

1. 算盘每人一具；
2. 钢笔或签字笔每人一支；
3. 计时秒表。

五、实训程序

根据上述实训资料珠算除法实训试题（一）和（二），要求运用算前固定个位档定位法定位，采用补数除法的算盘盘式或简捷盘式运算活动步骤进行运算。（保留两位小数，以下四舍五入）

六、实训设计

1. 实训形式：要求单人独立完成；
2. 实训时间：每次 10 分钟；
3. 实训地点：教室或会计技能实训室；
4. 实训成绩：训练成绩单一张。

七、等级标准

注意事项和评分标准及考核标准与实训三十三同。

实训三十八 珠算除法简捷算法操作实训（二）

一、实训目标

珠算除法简捷算法在珠算除法中起到提高运算速度的作用。通过本实训，使学生掌握珠算简捷除法操作方法，精简运算过程，运算速度大大加快，从而显著提高工作效率。

二、实训内容

进行珠算以乘代除法训练。

三、实训资料

训练试卷每人两份：珠算除法计算训练试题（一）和（二）。

表 38-1　　　　　　　　珠算除法计算训练试题（一）

（1）581.50÷0.50=	（2）785÷5=
（3）3,670÷0.25=	（4）2,675÷25=
（5）4,165÷0.125=	（6）3,250÷125=
（7）5,435÷0.625=	（8）6,035÷62.50=
（9）3,742÷625=	（10）174.80÷6.25=
（11）413.50÷0.50=	（12）57.50÷5=
（13）8,050÷2.50=	（14）534÷25=
（15）4,678÷0.125=	（16）7,423÷1.25=
（17）678÷0.625=	（18）325.60÷6.25=
（19）7,516÷62.50=	（20）6,950÷625=

表 38-2　　　　　　　　珠算除法计算训练试题（二）

（1）421.5÷0.50=	（2）381.50÷5=
（3）5,070÷2.50=	（4）138÷25=
（5）3,625÷0.125=	（6）7,015÷1.25=
（7）475÷0.625=	（8）758.80÷6.25=
（9）6,315÷62.50=	（10）5,165÷625=
（11）5,731.5÷0.50=	（12）532.50÷5=
（13）4,273÷2.50=	（14）2,238÷25=
（15）2,325÷0.125=	（16）4,425÷1.25=
（17）596÷0.625=	（18）537.60÷6.25=
（19）7,145÷62.50=	（20）7,345÷625=

四、实训准备

1. 算盘每人一具；
2. 钢笔或签字笔每人一支；
3. 计时秒表。

五、实训程序

根据上述实训资料珠算除法训练试题（一）和（二），要求运用算前固定个位档定位法定位，采用以乘代除法的算盘盘式或简捷盘式运算活动步骤进行运算。（保留两位小数，以下四舍五入）

六、实训设计

1. 实训形式：要求单人独立完成；
2. 实训时间：每次 10 分钟；
3. 实训地点：教室或会计技能实训室；
4. 实训成绩：训练成绩单一张。

七、等级标准

注意事项和评分标准及考核标准与实训三十三同。

实训三十九 珠算除法简捷算法操作实训（三）

一、实训目标

珠算除法简捷算法在珠算除法中起到提高运算速度的作用。通过本实训，使学生掌握珠算简捷除法操作方法，精简运算过程，运算速度大大加快，从而显著提高工作效率。

二、实训内容

进行珠算省除法训练。

三、实训资料

训练试卷每人两份：珠算除法计算训练试题（一）和（二）。

表 39-1　　　　　　　　　珠算除法计算训练试题（一）

(1) 568.24721 ÷ 5.2565 =	(11) 67.34637 ÷ 8.4563 =
(2) 367.34932 ÷ 27.2174 =	(12) 546.48735 ÷ 23.4745 =
(3) 78.37321 ÷ 7.5425 =	(13) 78.42456 ÷ 9.6437 =
(4) 145.47865 ÷ 6.2548 =	(14) 635.37825 ÷ 7.2447 =
(5) 75.67872 ÷ 57.4536 =	(15) 87.5786768 ÷ 65.35462 =
(6) 235.38254 ÷ 457.6273 =	(16) 475.37452 ÷ 557.6272 =
(7) 45,257.3826 ÷ 5.4568 =	(17) 23,257.3821 ÷ 6.67782 =
(8) 425.76684 ÷ 6.26582 =	(18) 45.678474 ÷ 6.26882 =
(9) 385.46251 ÷ 4.26485 =	(19) 35.36743 ÷ 4.23481 =
(10) 83.85725 ÷ 7.35652 =	(20) 25.85695 ÷ 7.35652 =

表 39-2	珠算除法计算训练试题（二）
（1） 57.237356 ÷ 8.356743 =	（11） 563.47653 ÷ 5.34675 =
（2） 542.45386 ÷ 35.36782 =	（12） 546.58386 ÷ 35.36767 =
（3） 23.56285 ÷ 5.43424 =	（13） 65.46235 ÷ 7.43435 =
（4） 75.378231 ÷ 6.239736 =	（14） 87.578643 ÷ 6.27379 =
（5） 24.57892 ÷ 47.36273 =	（15） 235.9752 ÷ 48.35368 =
（6） 235.38753 ÷ 458.6778 =	（16） 595.4942 ÷ 458.7838 =
（7） 4,273.38572 ÷ 8.73794 =	（17） 6,456.38482 ÷ 6.3625 =
（8） 59.69546 ÷ 9.36853 =	（18） 85.79485 ÷ 8.47286 =
（9） 38.35734 ÷ 6.42182 =	（19） 95.56787 ÷ 6.37958 =
（10） 7.857856 ÷ 8.47962 =	（20） 5.896243 ÷ 3.8756 =

四、实训准备

1. 算盘每人一具；
2. 钢笔或签字笔每人一支；
3. 计时秒表。

五、实训程序

根据上述实训资料珠算除法比赛试题（一）和（二），要求运用固定个位档定位法在盘上定位，分别用隔位和不隔位商除省除法运算活动步骤进行运算。（精确到0.01）

六、实训设计

1. 实训形式：要求单人独立完成；
2. 实训时间：每次10分钟；
3. 实训地点：教室或会计技能实训室；
4. 实训成绩：训练成绩单一张。

七、等级标准

注意事项和评分标准及考核标准与实训三十三同。

实训四十　珠算等级鉴定比赛

一、实训目标

珠算技术等级鉴定是珠算事业发展的重要组成部分，对推广普及珠算，促进我国珠算技术水平的迅速提高，培养精于计算的人才，提高经济效益，更好地为社会经济建设服务，弘扬我国优秀文化必将起到积极的推动作用。中国珠算协会于 1984 年 4 月公布试行的《全国珠算技术等级鉴定标准》是我国考核珠算技术水平的唯一标准。该标准以实际运算能力考取相应等级，其不同等级的鉴定结果是依据题型计算数量、运算次数为标准制定的。

财经类专业学生毕业必须达到珠算相应等级要求，通过对学生进行珠算针对性训练，以提高珠算等级鉴定比赛的合格率。

二、实训内容

进行珠算技术等级鉴定比赛。

三、实训资料

珠算技术普通鉴定比赛试卷每人 12 份：（1）普通六级两份（见表 40 - 1、表 40 - 2）；（2）普通五级两份（见表 40 - 3、表 40 - 4）；（3）普通四级两份（见表 40 - 5、表 40 - 6）；（4）普通三级两份（见表 40 - 7、表 40 - 8）；（5）普通二级两份（见表 40 - 9、表 40 - 10）；（6）普通一级两份（见表 40 - 11、表 40 - 12）。

四、实训准备

1. 算盘每人一具。
2. 签字笔每人一支。
3. 计时秒表。

五、实训程序

根据实训资料进行珠算等级鉴定比赛训练，多次反复，达到熟练的程度。

六、实训设计

1. 实训比赛形式：要求单人独立完成。
2. 实训比赛时间：建议 4 个学时，每份试题限时 20 分钟。
3. 实训比赛成绩：比赛成绩单一张。

七、等级标准

1. 等级设定。比赛等级设定为：六级、五级、四级、三级、二级、一级。
2. 注意事项：
（1）每份鉴定试卷给出题目 30 题（以全国珠算技术等级鉴定试题为准）。
（2）在运算过程中不得跳题，每跳一题，倒扣一题分数。
（3）更改答数必须将原答数用单线划去，重新写上新的答数，凡不用划线更正，任意涂改数字的作错题处理。

表 40-1　　　　　　　　　　珠算技术普通鉴定比赛试卷
　　　　　　　　　　　　　　　普通六级（一）

一、加减算（珠算限时 10 分钟，珠心算限时 5 分钟）

（一）	（二）	（三）	（四）	（五）
8,456	97	7,893	1,396	8,327
72	68	57	-548	763
608	685	953	85	589
985	8,961	86	-78	-718
295	487	567	6,753	87
5,871	3,768	3,842	85	-67
89	84	75	-902	7,632
801	652	973	47	59
729	69	48	879	-586
986	8,562	4,587	-5,263	93
7,895	785	64	859	8,765
468	96	829	-68	984
697	6,578	7,065	4,265	-2,659
2,892	860	982	99	-93

（六）	（七）	（八）	（九）	（十）
2,408	857	5,895	87	5,876
78	95	546	65	678
746	396	8,794	867	-88
6,352	6,793	986	-75	-728
879	961	275	5,039	8,926
89	5,068	6,709	-92	98
3,159	94	91	2,905	297
96	687	584	786	-869
876	326	39	-98	648
86	753	56	3,265	945
5,892	3,649	78	84	-7,316
439	5,820	382	-938	5,869
750	69	2,580	7,963	308
48	587	62	-857	-792

二、乘算（珠算 5 分钟，珠心算 2.5 分钟；要求保留两位小数，以下四舍五入）

（一）	159×42=
（二）	94×608=
（三）	34×165=
（四）	506×68=
（五）	65×703=
（六）	27×82=
（七）	82×59=
（八）	708×39=
（九）	49×21=
（十）	32×74=

三、除算（珠算 5 分钟，珠心算 2.5 分钟；要求保留两位小数，以下四舍五入）

（一）	4,320÷96=
（二）	1,843÷38=
（三）	2,802.5÷59=
（四）	3,528÷18=
（五）	1,224÷68=
（六）	912÷48=
（七）	6,450÷86=
（八）	7,220÷95=
（九）	2,175÷29=
（十）	3,640÷56=

表40-2 普通六级（二）

一、加减算（珠算限时10分钟，珠心算限时5分钟）

（一）	（二）	（三）	（四）	（五）
3,987	578	592	6,247	7,348
94	783	62	-4,104	526
6,196	2,529	3,879	75	-95
62	984	75	6,708	7,418
485	65	94	-652	-536
79	5,597	4,309	49	95
716	58	576	5,018	8,380
98	6,239	347	925	49
5,826	85	97	-73	82
45	78	7,576	569	-2,861
2,739	9,562	48	-472	729
463	53	875	89	-658
284	736	5,638	-53	598
77	87	59	97	-75

（六）	（七）	（八）	（九）	（十）
68	6,105	4,809	6,876	3,761
579	5,791	516	7,975	-248
43	354	86	-168	512
628	89	93	79	7,865
57	7,869	74	-88	-3,879
7,695	36	8,042	94	371
98	624	328	8,248	76
8,715	85	76	-493	-875
289	423	54	76	84
54	8,916	7,297	-273	5,973
6,608	99	78	59	-298
72	573	258	-2,624	69
415	92	3,524	258	-35
87	2,485	692	587	86

二、乘算（珠算5分钟，珠心算2.5分钟；要求保留两位小数，以下四舍五入）

（一）	57×24=
（二）	73×58=
（三）	68×36=
（四）	98×26=
（五）	78×315=
（六）	27×836=
（七）	86×189=
（八）	208×59=
（九）	407×53=
（十）	792×62=

三、除算（珠算5分钟，珠心算2.5分钟；要求保留两位小数，以下四舍五入）

（一）	5,684÷98=
（二）	846÷47=
（三）	6,885÷17=
（四）	2,345÷67=
（五）	3,248÷58=
（六）	4,365÷75=
（七）	1,224÷68=
（八）	1,064÷28=
（九）	3,325÷35=
（十）	1,248÷78=

表40-3　　　　　　　　　　　　　普通五级（一）

一、加减算（珠算限时10分钟，珠心算限时5分钟）

（一）	（二）	（三）	（四）	（五）
7,635	789	2,895	9,406	7,892
972	6,873	768	525	356
4,596	785	958	-5,968	5,023
961	693	825	412	-645
586	2,654	2,486	785	587
2,374	879	869	-493	3,854
369	653	4,735	5,082	478
637	5,982	397	-827	-925
9,245	795	8,956	6,874	8,462
925	875	985	359	697
786	4,526	5,672	-947	-986
5,783	6,857	563	352	295
859	983	785	7,249	-2,735
548	536	741	-829	684
369	785	653	972	-5,857

（六）	（七）	（八）	（九）	（十）
6,073	794	8,739	9,723	8,780
357	465	584	-725	673
925	905	629	689	-237
4,038	4,583	5,637	5,827	-956
279	532	753	-968	397
946	921	4,782	749	-875
524	3,283	964	876	4,698
396	378	524	-592	3,783
785	8,973	3,186	659	296
6,079	295	873	-6,598	548
741	386	214	794	-6,263
5,693	687	8,950	859	439
974	5,082	712	7,926	853
5,638	6,784	465	-943	-3,893
584	594	983	8,705	826

二、乘算（珠算5分钟，珠心算2.5分钟；要求保留两位小数，以下四舍五入）

（一）	861×79=
（二）	95×175=
（三）	518×8.53=
（四）	69×805=
（五）	932×78=
（六）	0.8356×0.28=
（七）	47×158=
（八）	368×53=
（九）	703×956=
（十）	85×5,072=

三、除算（珠算5分钟，珠心算2.5分钟；要求保留两位小数，以下四舍五入）

（一）	11,424÷28=
（二）	46,075÷95=
（三）	1,575÷45=
（四）	1,022÷14=
（五）	164.22÷68=
（六）	25,155÷39=
（七）	36,860÷76=
（八）	31,234÷679=
（九）	52,325÷805=
（十）	31,836÷758=

表 40－4　　　　　　　　　　　普通五级（二）

一、加减算（珠算限时 10 分钟，珠心算限时 5 分钟）

（一）	（二）	（三）	（四）	（五）
3,875	2,468	825	6,783	5,631
486	742	4,056	549	－936
7,324	583	498	－4,348	749
965	829	6,752	438	357
984	5,524	584	5,136	8,025
5,316	792	679	－902	319
936	379	5,824	796	278
359	536	625	8,513	－7,965
747	6,435	348	－184	854
6,091	718	2,316	756	－678
863	825	963	－387	6,758
4,513	7,483	749	6,389	－673
528	891	573	286	5,238
894	876	8,782	－485	267
768	8,107	319	529	－852

（七）	（八）	（九）	（十）	（六）
5,763	3,248	748	1,408	817
6,341	967	826	257	－686
635	539	594	1,806	8,342
987	658	6,393	－475	562
1,479	9,147	617	5,232	468
209	285	539	594	－7,316
425	6,309	907	－847	485
8,653	978	1,947	7,236	693
768	752	528	－369	－983
6,078	8,061	257	937	874
497	578	486	9,185	9,518
579	972	8,016	－597	－825
923	3,248	527	724	－6,583
4,238	926	675	－6,185	289
562	748	6,039	973	752

二、乘算（珠算 5 分钟，珠心算 2.5 分钟；要求保留两位小数，以下四舍五入）

（一）	508 × 473 ＝
（二）	78 × 0.1563 ＝
（三）	52.8 × 0.509 ＝
（四）	8,561 × 58 ＝
（五）	51 × 789 ＝
（六）	546 × 56 ＝
（七）	67 × 735 ＝
（八）	907 × 83 ＝
（九）	85 × 608 ＝
（十）	1,352 × 75 ＝

三、除算（珠算 5 分钟，珠心算 2.5 分钟；要求保留两位小数，以下四舍五入）

（一）	2,125 ÷ 85 ＝
（二）	1,856 ÷ 58 ＝
（三）	8,928 ÷ 96 ＝
（四）	816 ÷ 68 ＝
（五）	9,504 ÷ 108 ＝
（六）	25,120 ÷ 785 ＝
（七）	24,510 ÷ 86 ＝
（八）	68,985 ÷ 73 ＝
（九）	29,995 ÷ 857 ＝
（十）	178.38 ÷ 75 ＝

表 40－5　　　　　　　　　　　　　　　　普通四级（一）

一、加减算（珠算限时 10 分钟，珠心算限时 5 分钟）

（一）	（二）	（三）	（四）	（五）
6,529	305,895	526	802,954	25,873
718	15,062	804,821	19,402	953
80,584	898	497	－5,142	6,595
2,367	439	596	－53,905	－1,563
95,318	578	45,878	765	976,015
594	951,985	584	891	84,706
287	4,823	7,915	802,914	586
985	8,063	87,156	9,791	3,492
362	6,582	91,208	7,384	－290,135
20,819	4,149	654	－1,345	8,189
7,485	50,872	6,953	－589	784
4,061	4,149	780,324	9,785	－852
923	826	3,958	－3,982	5,806
17,078	687	1,376	48,053	－6,491
9,795	31,556	972	5,880	－485

（六）	（七）	（八）	（九）	（十）
170,958	190,153	179,529	529,907	76,523
498	947	1,392	614	849
9,183	8,607	894	7,862	－13,406
287	963	9,183	－854	18,523
152	4,193	49,073	1,653	9,791
7,849	859	645	972	－23,513
4,510	287	6,935	802,619	381,602
73,598	2,941	862	－5,938	1,564
87,262	93,137	3,905	3,401	－2,856
578	324,870	941,802	－63,927	597
893	5,820	87,620	84,528	－78,519
6,583	41,730	823	80,918	509,523
350,631	23,605	90,567	－6,193	8,324
587	8,419	8,605	－53,485	6,901
2,149	791	748	823	－63,789

二、乘算（珠算 5 分钟，珠心算 2.5 分钟；要求保留两位小数，以下四舍五入）

（一）	5,178×84＝
（二）	195×8,105＝
（三）	0.8035×6.58＝
（四）	5,372×69＝
（五）	87×8.079＝
（六）	76×1,839＝
（七）	584×465＝
（八）	9,037×78＝
（九）	8.6×0.7085＝
（十）	782×593＝

三、除算（珠算 5 分钟，珠心算 2.5 分钟；要求保留两位小数，以下四舍五入）

（一）	575,225÷865＝
（二）	474,685÷683＝
（三）	194.7172÷32.8＝
（四）	49,848÷536＝
（五）	203,144÷758＝
（六）	60.76875÷7.5＝
（七）	17,079÷60＝
（八）	8,288÷16＝
（九）	115,181÷407＝
（十）	14,904÷108＝

表40-6　　　　　普通四级（二）

一、加减算（珠算限时10分钟，珠心算限时5分钟）

（一）	（二）	（三）	（四）	（五）
60,275	621,704	1,675	309,651	29,582
389	8,137	836	-823	-4,018
4,758	2,894	5,329	40,938	481,749
875	581	359,091	-257	-251
974,148	726	687	264,710	703,638
786	683	12,824	583	623
4,104	8,749	293	-48,927	764
3,309	9,087	5,747	5,461	-58,186
25,953	752	469	-4,053	862
532	3,829	98,307	7,526	-2,915
47,165	516,093	686	951	2,097
587	27,561	5,071	-402	863
873,063	546	494	879	-794
962	485	568,342	6,386	5,087
1,982	40,393	8,907	7,098	3,809

（六）	（七）	（八）	（九）	（十）
90,135	4,164	728,973	50,484	903,615
682	905	83,165	589	38,293
7,483	84,032	942	903,615	-104,726
518	5,928	697	-38,293	527
4,086	872	586	527	-479
651,384	381,947	7,964	-615	50,484
563	2,873	8,653	8,371	675
7,824	945	754	576,426	-8,371
8,037	7,687	6,436	-7,265	7,265
972	90,516	5,326	9,482	9,482
90,865	684	20,951	687	-459
258	268	6,175	-796	386
9,074	319	857	3,672	368
582	631,762	498,049	4,798	-6,798
763,595	8,058	421	-8,954	7,809

二、乘算（珠算5分钟，珠心算2.5分钟；要求保留两位小数，以下四舍五入）

（一）	963×2,742=
（二）	768×3615=
（三）	78×0.06807=
（四）	7,342×86=
（五）	957×602=
（六）	85×8,194=
（七）	829×547=
（八）	93×5,962=
（九）	3,145×852=
（十）	0.7835×8.2=

三、除算（珠算5分钟，珠心算2.5分钟；要求保留两位小数，以下四舍五入）

（一）	279,300÷875=
（二）	37,674÷48=
（三）	20,020÷308=
（四）	8.415÷1.65=
（五）	17,226÷957=
（六）	21,460÷370=
（七）	108.7728÷21.5=
（八）	393,783÷439=
（九）	75,240÷95=
（十）	59,168÷86=

表 40-7　普通三级（一）

一、加减算（珠算限时 10 分钟，珠心算限时 5 分钟）

（一）	（二）	（三）	（四）	（五）
58,471	857,172	501	753,905	7,958
26,084	2,568	743	2,516	-3,948
986	57,358	6,234	731	815
84,682	635,091	215,906	79,528	764,842
987	23,848	570,861	52,603	-4,368
49,526	57,164	57,679	76,629	287,537
73,205	486,927	83,768	573,826	986
35,267	798	950,237	70,425	-75,326
84,206	85,056	5,986	82,189	18,759
97,582	42,738	695	915	637,486
894	875	8,618	624,178	-5,987
57,693	67,037	6,781	21,063	89,435
65,960	435,729	796,178	75,784	897
9,126	786	8,365	735	-56,974
29,134	96,359	25,718	537,379	875,352

（六）	（七）	（八）	（九）	（十）
628.75	87.59	832.68	8.52	8,124.06
8.96	8,754.83	95.67	7,280.71	-517.78
45.49	829.57	8,163.76	-49.83	482.85
5,648.97	9.58	637.52	84.98	328.79
479.36	830.54	9.95	743.20	-54.50
7.86	7,652.92	78.78	5,108.67	6.37
6,327.59	93.78	8,571.26	-7,973.51	-7,880.52
85.78	8.67	698.15	450.85	87.41
385.42	865.68	92.76	3,984.68	572.82
8.97	3,581.78	58.82	-8.97	-35.48
7,925.36	6.49	4,027.40	641.63	6,834.91
68.98	758.63	586.08	79.26	-893.47
5,413.58	3,516.89	875.97	-2,506.37	9,389.85
967.94	869.57	95.86	697.53	57.62
593.68	851.94	2,495.28	-375.69	687.85

二、乘算（珠算 5 分钟，珠心算 2.5 分钟；要求保留两位小数，以下四舍五入）

（一）	875 × 786 =
（二）	8,192 × 597 =
（三）	926 × 6,078 =
（四）	184 × 9,703 =
（五）	5.8075 × 859 =
（六）	753 × 961 =
（七）	0.6015 × 5.43 =
（八）	4.86 × 0.7805 =
（九）	8.09 × 379 =
（十）	67.5 × 80,512 =

三、除算（珠算 5 分钟，珠心算 2.5 分钟；要求保留两位小数，以下四舍五入）

（一）	271,375 ÷ 835 =
（二）	190,512 ÷ 486 =
（三）	0.88176 ÷ 0.1805 =
（四）	228,475 ÷ 703 =
（五）	435,210 ÷ 815 =
（六）	378,756 ÷ 567 =
（七）	355,240 ÷ 856 =
（八）	65,550 ÷ 475 =
（九）	208,240 ÷ 380 =
（十）	65.2942 ÷ 68.5 =

表 40－8　　　　　　　　　　　　普通三级（二）

一、加减算（珠算限时 10 分钟，珠心算限时 5 分钟）

（一）	（二）	（三）	（四）	（五）
60,207	621,704	231,675	309,651	29,852
386	8,137	836	40,938	－4,014
54,759	62,894	35,329	－823	481,749
6,807	9,501	359,091	564,710	－286
974,148	58,126	687	583	703,638
87,826	683	12,824	－48,927	48,623
54,158	538,749	293	65,462	764
6,309	79,087	85,347	－754,053	－658,186
625,953	752	489	87,526	862
538	3,829	648,307	759	－98,915
947,165	516,093	686	－482	382,097
587	27,561	3,079	879	863
873,063	48,546	496	386,386	－794
5,918	695	568,342	－257	65,087
7,1982	260,393	98,708	67,098	83,739

（六）	（七）	（八）	（九）	（十）
2,901.35	841.64	7,289.73	564.87	7,836.65
6.82	9.65	831.62	84.79	382.93
874.13	5,840.38	9.42	9,486.75	－5,047.86
5.68	59.26	86.17	－5,382.93	65.27
75.46	8.75	75.96	5.27	－4.58
6,513.84	3,819.47	4,597.64	－796.15	694.86
691.63	928.73	86.53	83.71	6.75
78.24	9.45	967.54	8,943.26	－6,983.71
580.37	976.07	4.36	－72.65	92.65
89.72	7,905.16	853.25	94.82	67.82
5,908.62	76.94	7,209.57	8.52	－81.59
2.58	682.85	69.72	－6,472.89	7,532.86
819.74	85.73	8.67	39.68	8.69
765.82	6,317.78	2,870.59	4.75	－47.98
7,635.95	780.59	85.27	－578.09	678.59

二、乘算（珠算 5 分钟，珠心算 2.5 分钟；要求保留两位小数，以下四舍五入）

（一）	975 × 1,852 =
（二）	892 × 1,853 =
（三）	189 × 0.07905 =
（四）	7,385 × 906 =
（五）	734 × 1,835 =
（六）	597 × 8,173 =
（七）	956 × 687 =
（八）	931 × 5,964 =
（九）	2,135 × 976 =
（十）	0.8416 × 7.2 =

三、除算（珠算 5 分钟，珠心算 2.5 分钟；要求保留两位小数，以下四舍五入）

（一）	249,630 ÷ 785 =
（二）	250,272 ÷ 396 =
（三）	520,380 ÷ 708 =
（四）	709,446 ÷ 951 =
（五）	3,145,016 ÷ 568 =
（六）	737.0045 ÷ 163 =
（七）	551,223 ÷ 657 =
（八）	807.168 ÷ 512 =
（九）	2,367,096 ÷ 358 =
（十）	2,630,824 ÷ 3,052 =

表40-9　　　　　　　　　　　　　　　普通二级（一）

一、加减算（珠算限时10分钟，珠心算限时5分钟）

（一）	（二）	（三）	（四）	（五）
372,580	57,341	472,759	917,426	3,925
2,174,531	384,056	5,274,568	-9,473	91,238
526,795	2,978	926,351	860,349	614,578
2,858	4,609,832	2,973	25,804	-27,564
48,674	57,315	40,845	7,103,652	430,625
618,593	712,568	718,602	38,185	9,392
3,805	96,029	3,976	-8,726	1,803,496
7,190,847	247,605	6,190,354	497,065	-5,821
45,736	1,759	25,841	-87,549	746,089
39,802	84,192	39,365	3,804,574	7,834
908,482	9,358	804,947	5,392	37,152
6,758	6,703,841	2,178	-521,368	-69,548
86,953	430,295	76,534	7,821	8,059,734
382,851	4,687	482,906	741,603	-970,235
6,543	971,063	3,869	-17,094	396,081

（六）	（七）	（八）	（九）	（十）
63.48	7,986.18	1,472.83	476.15	721.48
71.62	96.73	596.78	52,380.49	36,864.59
6,821.48	5,249.17	6,035.92	901.52	-9,375.74
897.96	59,074.28	9,530.46	-59.83	5,268.21
30,486.29	25.91	83,051.96	86.20	18,034.96
9,105.74	796.04	48.27	3,946.82	-25.76
78.62	8,051.63	2,379.45	-578.54	372.42
890.54	79.58	47,026.83	7,619.28	68.29
2,379.45	925.76	63.59	-83.52	-685.67
57,026.83	6,830.14	547.98	60,785.91	9,632.35
763.59	21,096.43	1,892.36	-308.26	-3,096.83
547.32	527.84	3,408.19	24.73	58.26
1,892.76	4,901.32	764.83	5,970.64	-7,416.03
3,408.29	57.83	87.19	-83.47	86,597.31
81.62	218.79	579.94	285.86	275.64

二、乘算（珠算5分钟，珠心算2.5分钟；要求保留两位小数，以下四舍五入）

（一）	0.4807×18.56=
（二）	697×1,769=
（三）	5,958×8,097=
（四）	15.89×560.8=
（五）	8,972×763=
（六）	78.6×0.0875=
（七）	60.18×0.5845=
（八）	87,906×781=
（九）	587×80,967=
（十）	9,075×968=

三、除算（珠算5分钟，珠心算2.5分钟；要求保留两位小数，以下四舍五入）

（一）	325,068÷526=
（二）	22,258÷359=
（三）	632,712÷492=
（四）	783,405÷945=
（五）	3,123.75÷7.35=
（六）	50,141.7÷53.06=
（七）	45,301.36÷40.52=
（八）	577.43÷158.2=
（九）	534,570÷865=
（十）	561,875÷725=

表 40－10　　　　　　　　　　　　　　　普通二级（二）

一、加减算（珠算限时 10 分钟，珠心算限时 5 分钟）

（一）	（二）	（三）	（四）	（五）
768,153	290,316	409,756	9,623,412	735,042
574,608	85,905	38,961	－935,104	503,296
27,960	7,524	85,492	50,629	－81,619
703,317	6,728	593,408	9,348	854,807
42,385	8,502,674	85,925	－5,218,769	－91,758
9,428	196,503	8,016	451,672	6,027
6,143,209	49,321	5,207	78,968	6,943,219
731,062	8,507	82,739	－7,534	－739,014
40,973	78,519	153,976	8,073	28,738
1,879	4,807	862,164	704,632	9,243
9,458,126	6,591,782	7,864,851	590,541	－154,837
516,298	86,805	8,432	－27,986	263,641
69,842	678,519	3,706	804,752	65,807
3,105	98,657	817,435	－18,631	－9,265
5,043	480,271	9,425,318	4,826	7,358

（六）	（七）	（八）	（九）	（十）
7,213.96	813.97	83.61	64.32	3,105.48
27.58	94.12	356.28	876.53	5,197.86
49.79	53,649.21	4,091.37	98,512.37	489.27
592.86	2,914.09	27,364.19	－9,034.61	83,219.56
49,813.65	651.25	38.42	692.43	－4,849.67
68.86	75.34	871.54	－53.79	38.75
512.83	89,017.42	8,592.71	17,064.58	751.89
3,289.48	8,672.59	285.93	－3,659.74	－520.35
98,384.67	389.05	5,097.68	－97.26	96.45
3,075.24	4,051.39	9,725.36	8,712.89	7,621.34
9,760.32	8,503.76	508.48	4,120.58	－36,065.82
834.76	69.83	89.27	938.36	2,784.71
4,527.63	87.92	93.86	－6,275.94	－302.97
965.81	586.78	1,542.97	457.48	45.89
57.64	3,641.23	85,914.78	82.31	－93.76

二、乘算（珠算 5 分钟，珠心算 2.5 分钟；要求保留两位小数，以下四舍五入）

（一）	5,786 × 718 ＝
（二）	38.17 × 56.09 ＝
（三）	180.75 × 8.176 ＝
（四）	67.95 × 87.2 ＝
（五）	196 × 5,829 ＝
（六）	4,698 × 582 ＝
（七）	81.9 × 1.8063 ＝
（八）	246 × 5,978 ＝
（九）	3,957 × 3,074 ＝
（十）	3,086 × 4,589 ＝

三、除算（珠算 5 分钟，珠心算 2.5 分钟；要求保留两位小数，以下四舍五入）

（一）	384,175 ÷ 635 ＝
（二）	45,695 ÷ 274 ＝
（三）	635,796 ÷ 783 ＝
（四）	781,515 ÷ 945 ＝
（五）	39,919 ÷ 8.36 ＝
（六）	42,107.4 ÷ 67.05 ＝
（七）	5,295.625 ÷ 45.8 ＝
（八）	60,744 ÷ 5,062 ＝
（九）	632,632 ÷ 728 ＝
（十）	687,072 ÷ 842 ＝

表 40－11　　　　　　　　　　　　　　　普通一级（一）

一、加减算（珠算限时 10 分钟，珠心算限时 5 分钟）

（一）	（二）	（三）	（四）	（五）
85,864	8,652,169	2,906,715	89,354,264	70,653,804
5,708,315	216,054	4,358	－25,096,431	－9,758
2,179,803	25,936,418	15,462,987	162,983	32,907,516
36,290,765	980,734	6,209,715	45,738	－5,247,537
75,842	34,107,285	52,087,493	－9,372	78,293
6,429	5,618	2,564	636,518	8,735
47,168	9,742,806	924,835	－6,907,283	－182,437
29,860,451	479,812	1,697,802	46,271,095	84,653
3,062	8,591,423	72,841	79,482	83,075,412
108,735	35,976	462,987	－5,738	－6,921,785
6,953	98,547	650,725	7,801,680	96,543
46,315,072	7,568	981,834	354,069	182,438
574,819	459,872	6,795	－162,088	－6,297
96,347	8,691	589,748	75,083	7,390,165
5,392,486	96,370,829	74,628,528	3,613,807	568,935

（六）	（七）	（八）	（九）	（十）
7,853.29	657,936.48	7,526.34	926,875.79	561,436.92
420.91	315.62	85.27	590,174.86	78,046.39
73.86	78.59	385,872.98	640.57	89.82
650,837.94	1,603.28	64,952.07	－96.45	－54,709.21
54,952.67	306,248.75	315.62	2,705.64	83.56
6,315.62	85.68	94.67	85,719.38	9,236.40
86.69	420.91	1,603.29	－68,209.43	－3,739.46
81,603.29	28,407.46	536,948.25	785,984.61	684.87
386,248.79	597,581.37	85.69	92.84	98.64
95.43	9,745.08	736.82	29,507.35	345,826.81
827.95	583.17	38,407.56	－28.91	－84,759.39
28,407.46	45,012.63	890,361.42	3,018.07	281.53
765,368.42	3,979.85	9,745.08	－753.12	－387,049.92
6,345.78	91.68	583.17	1,327.08	5,274.53
583.17	64,952.07	79,815.69	－417.82	－536.39

二、乘算（珠算 5 分钟，珠心算 2.5 分钟；要求保留两位小数，以下四舍五入）

（一）	80,715 × 4,906 ＝
（二）	8,375 × 3,748 ＝
（三）	5,758 × 1,897 ＝
（四）	195.08 × 75.16 ＝
（五）	8,067 × 6.0495 ＝
（六）	3,965 × 8.397 ＝
（七）	45.81 × 6.0819 ＝
（八）	780.6 × 71.95 ＝
（九）	508.9 × 0.8567 ＝
（十）	1,875 × 8,359 ＝

三、除算（珠算 5 分钟，珠心算 2.5 分钟；要求保留两位小数，以下四舍五入）

（一）	455,503 ÷ 78,535 ＝
（二）	16,097.75 ÷ 305 ＝
（三）	790,762.5 ÷ 976.25 ＝
（四）	1,332,450 ÷ 56.4 ＝
（五）	59,810.1 ÷ 532 ＝
（六）	34,012,940 ÷ 845 ＝
（七）	5,150,789 ÷ 5,617 ＝
（八）	11,325.094 ÷ 1,870 ＝
（九）	33,520,256 ÷ 608 ＝
（十）	381.30226 ÷ 96.52 ＝

表 40－12　普通一级（二）

一、加减算（珠算限时 10 分钟，珠心算限时 5 分钟）

（一）	（二）	（三）	（四）	（五）
9,816,530	873,592	508,476	92,071,346	9,587
678,427	48,916	6,925	57,818,501	-8,725
90,213	7,483	92,031,487	-5,492	316,408
54,829,504	27,462,197	13,896	267,365	68,503,719
7,063	6,518,930	7,035,214	970,819	-2,432,974
906,189	29,036,758	240,698	-15,854,603	60,598
53,462	4,846	3,758	604,735	-647,820
4,620	4,927,389	35,210	-9,249,281	1,593
7,183,593	679,485	49,217,687	6,758	-4,528,607
86,902,754	12,903,578	6,309,586	76,815	93,846
276,131	10,623	51,623	5,561,378	31,982
4,098,315	7,435	70,698,485	-196,049	7,584,567
28,639,045	814,296	8,096	7,256	80,129,376
85,627	9,408,568	273,417	-85,673	-587,496
3,581	579,329	9,365,102	2,430,593	396,271

（六）	（七）	（八）	（九）	（十）
329.54	812,647.05	52,091.38	2,574.19	935,608.24
49.18	93,725.14	476.57	-69.78	-635.87
19,685.67	306.89	98.19	689,457.82	6,470.52
3,024.46	68.97	753,146.24	30,584.91	68.75
5,307.18	5,423.25	8,203.69	-392.76	-63,012.90
921,372.09	379,046.10	2,564.93	7,429.58	790,167.85
45,686.47	894.67	406,312.78	38.95	-82.93
29.58	58.39	780.15	-367,848.62	19,758.28
391.82	53,608.72	72.86	4,189.74	6,023.54
509,428.76	415,729.83	35,107.19	52,036.15	-581,593.42
4,017.65	7,460.29	1,630.57	82.27	719.83
28,939.06	809.12	894.08	-261,987.05	74,670.21
248.31	54,376.31	521,943.70	432.89	-8,506.48
747,509.82	8,026.75	69,418.56	86,053.14	39.17
86.79	94.82	79.23	-749.62	962.85

二、乘算（珠算 5 分钟，珠心算 2.5 分钟；要求保留两位小数，以下四舍五入）

（一）	53,091 × 3,086 =
（二）	6,978 × 5,783 =
（三）	5.7095 × 71.89 =
（四）	75.69 × 807.35 =
（五）	780.5 × 0.6548 =
（六）	1,578 × 5,728 =
（七）	8.4072 × 92.17 =
（八）	7,479 × 8,053 =
（九）	1,748 × 6,528 =
（十）	9.5078 × 80.47 =

三、除算（珠算 5 分钟，珠心算 2.5 分钟；要求保留两位小数，以下四舍五入）

（一）	81,032,016 ÷ 95,108 =
（二）	406.22725 ÷ 6.05 =
（三）	7,292,316 ÷ 19603 =
（四）	687.2576 ÷ 7.08 =
（五）	5,752,095 ÷ 8,159 =
（六）	2,453,456 ÷ 472 =
（七）	908,200 ÷ 5,975 =
（八）	1,715.2778 ÷ 3.73 =
（九）	3,509,725 ÷ 6,815 =
（十）	829.53846 ÷ 3.46 =

(4) 小数点、分节号必须有明显区别，凡属小数点漏点或点错位置的作错题论，答题正确但分节号漏点或错点的，每题倒扣 1 分。

(5) 答数必须书写清楚，凡字迹过于潦草、老师无法辨认的作错题论，一题有两个答数的作错题论。

3. 珠算等级鉴定标准见表 40 – 13。

珠算等级鉴定标准根据 1984 年《全国珠算技术等级鉴定试行标准》制订。

表 40 – 13　　　　　　　　　　　　比赛等级鉴定标准

考题　级别　正确题项目	珠算鉴定试题（限时 20 分钟）					
	普通六级	普通五级	普通四级	普通三级	普通二级	普通一级
加减算实训比赛	8 题	8 题	8 题	8 题	8 题	9 题
乘算实训比赛	8 题	8 题	8 题	8 题	8 题	9 题
除算实训比赛	8 题	8 题	8 题	8 题	8 题	9 题

珠算普通四级和普通一级鉴定标准说明：

1. 对普通一级鉴定题：

(1) 在规定的 20 分钟时间，加减算、乘算、除算三项都正确完成 9 题及以上的为一级。

(2) 在规定的 20 分钟时间，加减算、乘算、除算三项都正确完成 8 题及以上的为二级。

(3) 在规定的 20 分钟时间，加减算、乘算、除算三项都正确完成 6 题及以上的为三级。

2. 对普通四级鉴定题：

(1) 在规定的 20 分钟时间，加减算、乘算、除算三项都正确完成 8 题及以上的为四级。

(2) 在规定的 20 分钟时间，加减算、乘算、除算三项都正确完成 7 题及以上的为五级。

(3) 在规定的 20 分钟时间，加减算、乘算、除算三项都正确完成 6 题及以上的为六级。

八、考核参考

1. 可作为会计、金融等专业学生珠算技能实训成绩的考核、毕业、推荐的标准之一；

2. 可作为单位对会计、金融等专业学生在职业、职务或岗位的技能要求之一；

3. 可作为会计、金融等专业学生考核评比奖励的条件之一。

第六篇 DILIUPIAN

会计计算实务操作技能

实训四十一 珠算翻打传票操作实训

一、实训目标

通过本实训,使学生熟练掌握珠算翻打传票操作,能够快速翻打传票。

二、实训内容

进行珠算翻打传票训练。

三、实训资料

训练用传票每人一本。

四、实训准备

1. 算盘每人一具。
2. 签字笔每人一支。
3. 训练试题。
4. 计时秒表。

五、实训程序

要求同学们根据实训资料,按照下列要求进行珠算翻打传票实训,正确填写答案。
1. 手工传票翻页训练。
(1) 将传票开成扇形。
(2) 训练左手从1~100页的翻页基本动作。
(3) 将传票从1~100页进行翻页训练,看哪位同学耗时最少。
2. 珠算翻打传票训练。传票翻页计算步骤如下:左手翻起一页,就把应计算的数字用心算记住,右手即把数字拨入算盘中,右手计算还未完毕,左手又翻起一张,这样循环反复地进行翻页运算。

具体操作训练如下:
(1) 将传票开成扇形。
(2) 左手翻页。
(3) 右手把数拨入算盘、计算器或小键盘。
(4) 分别计算 1~100 页、3~100 页、5~100 页第一行、第二行、第三行的答案。

六、实训设计

1. 实训形式:要求单人独立完成。
2. 实训时间:建议 2 个学时,每次 10 分钟,可多次反复训练。
3. 实训成绩:测试成绩单。

实训四十二　珠算翻打传票比赛

一、实训目标

通过本实训,使学生熟练掌握珠算翻打传票操作,能够快速翻打传票。

二、实训内容

进行珠算翻打传票比赛。

三、实训资料

1. 比赛用传票每人一本。
2. 珠算翻打传票比赛试题(一)至(四),见表 42-1 至表 42-4。

表 42-1　　　　　　　　珠算翻打传票比赛试题(一)

题号	起止页数	行次	答案	题号	起止页数	行次	答案
1	2~21	三		11	32~51	三	
2	23~42	四		12	63~82	五	
3	45~64	五		13	26~45	二	
4	28~47	一		14	46~65	三	
5	9~28	三		15	53~72	四	
6	47~66	四		16	6~25	一	
7	55~74	二		17	52~71	五	
8	65~84	三		18	33~52	三	
9	7~26	二		19	58~77	四	
10	35~54	一		20	75~94	一	

表 42-2　　　　　　　　　珠算翻打传票比赛试题（二）

题号	起止页数	行次	答案	题号	起止页数	行次	答案
1	3～22	五		11	38～57	二	
2	25～44	二		12	68～87	一	
3	43～62	四		13	27～46	四	
4	29～48	五		14	48～67	二	
5	12～31	二		15	56～75	五	
6	49～68	一		16	5～24	三	
7	59～78	三		17	51～70	一	
8	66～85	五		18	39～58	二	
9	8～27	四		19	57～76	四	
10	37～56	三		20	78～97	五	

表 42-3　　　　　　　　　珠算翻打传票比赛试题（三）

题号	起止页数	行次	答案	题号	起止页数	行次	答案
1	4～23	二		11	41～60	五	
2	22～41	一		12	74～93	四	
3	44～63	四		13	34～53	一	
4	24～43	五		14	75～94	五	
5	17～36	四		15	64～83	二	
6	60～79	二		16	16～35	三	
7	62～81	五		17	67～86	四	
8	61～80	二		18	40～59	二	
9	13～32	一		19	76～95	三	
10	18～37	四		20	69～88	五	

表 42-4　　　　　　　　　珠算翻打传票比赛试题（四）

题号	起止页数	行次	答案	题号	起止页数	行次	答案
1	19～38	二		11	70～89	五	
2	35～54	五		12	48～67	一	
3	41～60	一		13	79～98	二	
4	30～49	四		14	72～91	四	
5	10～29	一		15	1～20	三	
6	50～69	五		16	71～80	二	
7	14～33	三		17	20～39	三	
8	69～88	四		18	66～85	五	
9	15～34	三		19	22～41	二	
10	77～96	四		20	56～75	三	

四、实训准备

1. 算盘每人一具。
2. 签字笔每人一支。
3. 计时秒表。

五、实训程序

要求同学们根据实训资料,按照要求对珠算翻打传票比赛试题(四套)进行翻打传票比赛,比赛四次,每次 10 分钟。

六、实训设计

1. 实训形式:要求单人独立完成。
2. 实训时间:每次 10 分钟。
3. 实训地点:教室或者会计技能实训室。
4. 实训试题:(1) 珠算翻打传票比赛试题 4 张;(2) 比赛成绩单一张。

七、注意事项

1. 注意清点传票的页数是否连续完整;注意在传票中记页,防止多计或少计数字。
2. 在运算过程中不得跳题,每跳一题,倒扣一题分数。
3. 更改答数必须将原答数用单线划去,重新写上新的答数,凡不用划线更正,任意涂改数字的作错题处理。
4. 小数点、分节号必须有明显区别,凡属小数点漏点或点错位置的作错题论,答题正确、但分节号漏点或错点的,每题倒扣 1 分。
5. 答数必须书写清楚,凡字迹过于潦草、老师无法辨认的作错题论,一题有两个答数的作错题论。

八、等级标准

等级设定为:初级、中级、高级、能手级。评分标准:每题 15 分。题型、数量、鉴定时限、等级标准见表 42-5。

表 42-5　　　　珠算或小键盘及计算器翻打传票比赛成绩考核等级标准

考题级别 项目　　得分	珠算翻打传票算考题(限时 10 分钟)			
	初级	中级	高级	能手级
珠算或小键盘及计算器翻打传票比赛	4 题正确/60 分	5 题正确/70 分	6 题正确/90 分	8 题正确/120 分

实训四十三　小键盘翻打传票比赛

一、实训目标

要求学生熟练掌握小键盘翻打传票操作，达到快速翻打传票的目的。

二、实训内容

进行小键盘翻打传票实训比赛。

三、实训资料

1. 比赛用传票每人一本。
2. 小键盘翻打传票比赛试题（一）至（四）。

表 43-1　小键盘翻打传票比赛试题（一）

题号	起止页数	行次	答案	题号	起止页数	行次	答案
1	5~24	四		11	36~55	一	
2	26~45	一		12	25~44	三	
3	47~66	三		13	34~53	二	
4	23~42	二		14	36~55	五	
5	7~26	五		15	57~76	二	
6	42~61	三		16	8~27	四	
7	45~64	一		17	42~61	三	
8	35~54	四		18	34~53	一	
9	9~28	五		19	48~67	五	
10	52~71	二		20	51~70	三	

表 43-2　小键盘翻打传票比赛试题（二）

题号	起止页数	行次	答案	题号	起止页数	行次	答案
1	7~26	四		11	35~54	二	
2	25~44	一		12	65~84	一	
3	23~42	三		13	37~56	四	
4	27~46	四		14	41~60	二	
5	18~37	二		15	46~65	五	
6	42~61	一		16	6~25	三	
7	39~58	四		17	41~60	五	
8	46~65	五		18	33~52	一	
9	9~28	三		19	56~75	五	
10	32~51	三		20	68~87	四	

表 43-3　　　　　　　　　　　小键盘翻打传票比赛试题（三）

题号	起止页数	行次	答案	题号	起止页数	行次	答案
1	8~27	三		11	31~50	五	
2	12~31	五		12	64~83	一	
3	32~51	二		13	24~43	四	
4	25~44	五		14	35~54	三	
5	27~46	二		15	54~73	二	
6	30~49	四		16	18~37	三	
7	49~68	一		17	57~76	四	
8	51~70	五		18	29~48	三	
9	19~38	二		19	68~77	五	
10	18~37	五		20	67~86	二	

表 43-3　　　　　　　　　　　小键盘翻打传票比赛试题（四）

题号	起止页数	行次	答案	题号	起止页数	行次	答案
1	15~24	三		11	60~79	五	
2	32~51	五		12	47~66	四	
3	46~65	一		13	75~94	二	
4	20~39	四		14	52~71	三	
5	13~32	一		15	3~22	四	
6	40~59	三		16	73~92	五	
7	17~36	四		17	24~43	二	
8	62~81	五		18	63~82	一	
9	16~35	三		19	25~44	四	
10	73~92	一		20	53~72	五	

四、实训准备

1. 小键盘每人一具；
2. 签字笔每人一支；
3. 计时秒表。

五、实训程序

要求同学们根据实训资料，按照要求对小键盘翻打传票比赛试题（一）至（四）进行小键盘翻打传票比赛，比赛四次，每次 10 分钟。

六、实训设计

1. 实训比赛形式：要求单人独立完成；
2. 实训比赛时间：每次比赛时间 10 分钟；

3. 实训比赛地点：教室或会计技能实训室；
4. 实训比赛试题：（1）小键盘翻打传票比赛试题 4 张；（2）比赛成绩单一张。

七、等级标准

注意事项、等级设定、评分标准和题型、数量、鉴定时限及等级标准与实训四十二同。

实训四十四　计算器翻打传票比赛

一、实训目标

要求学生熟练掌握计算器翻打传票操作，达到快速翻打传票的目的。

二、实训内容

进行计算器翻打传票实训比赛。

三、实训资料

1. 比赛用传票每人一本。
2. 计算器翻打传票比赛试题（一）至（四）。

表 44-1　　　　　　　　计算器翻打传票比赛试题（一）

题号	起止页数	行次	答案	题号	起止页数	行次	答案
1	6~25	三		11	33~52	二	
2	25~44	二		12	23~42	五	
3	45~64	四		13	31~50	四	
4	27~46	二		14	36~55	五	
5	8~27	一		15	50~69	一	
6	41~60	五		16	5~24	三	
7	43~62	二		17	40~59	五	
8	36~55	三		18	38~57	四	
9	7~26	一		19	46~65	一	
10	50~69	五		20	57~76	四	

表44-2　　　　　　　　　　　计算器翻打传票比赛试题（二）

题号	起止页数	行次	答案	题号	起止页数	行次	答案
1	8~27	一		11	36~55	五	
2	23~42	二		12	67~86	四	
3	26~45	五		13	35~54	一	
4	29~48	一		14	45~64	四	
5	15~34	四		15	44~63	一	
6	42~61	一		16	9~28	五	
7	30~49	四		17	40~59	三	
8	38~57	一		18	32~51	一	
9	7~26	二		19	59~78	三	
10	34~53	三		20	69~88	一	

表44-3　　　　　　　　　　　计算器翻打传票比赛试题（三）

题号	起止页数	行次	答案	题号	起止页数	行次	答案
1	4~23	二		11	32~51	一	
2	13~32	一		12	65~84	二	
3	34~53	四		13	27~46	五	
4	28~47	一		14	38~57	四	
5	25~44	五		15	57~76	三	
6	33~52	四		16	16~35	一	
7	46~65	五		17	59~78	五	
8	49~68	一		18	35~54	二	
9	18~37	四		19	59~78	四	
10	19~38	二		20	68~87	三	

表44-4　　　　　　　　　　　计算器翻打传票比赛试题（四）

题号	起止页数	行次	答案	题号	起止页数	行次	答案
1	13~32	二		11	61~80	四	
2	30~49	四		12	48~67	二	
3	45~64	五		13	76~95	三	
4	21~40	三		14	47~66	五	
5	15~34	二		15	8~27	二	
6	41~60	五		16	74~93	四	
7	16~35	一		17	26~45	三	
8	60~79	四		18	62~81	五	
9	17~36	五		19	22~41	一	
10	75~94	二		20	55~74	二	

四、实训准备

1. 计算器每人一具；
2. 签字笔每人一支；
3. 计时秒表。

五、实训程序

要求同学们根据实训资料，按照要求对计算器翻打传票比赛试题（一）、（二）、（三）、（四）进行计算器翻打传票比赛，比赛四次，每次10分钟。

六、实训设计

1. 实训比赛形式：要求单人独立完成；
2. 实训比赛时间：每次比赛时间10分钟；
3. 实训比赛地点：教室或会计技能实训室；
4. 实训比赛试题：（1）计算器翻打传票比赛试题4张；（2）比赛成绩单一张。

七、等级标准

注意事项、等级设定、评分标准和题型、数量、鉴定时限及等级标准与实训四十二同。

实训四十五　小键盘和计算器翻打传票实训

一、实训目标

通过本实训，使学生能够使用计算机小键盘和电子计算器进行计算；要求学生熟练进行传票的翻页、找页、记页；能熟练进行传票的整理，能够快速翻打传票。

二、实训内容

熟练进行小键盘和计算器传票计算，提高小键盘和计算器翻打传票速度。

三、实训资料

1. 训练用传票。
2. 小键盘和计算器翻打传票训练题，见表45-1。

表45－1　　　　　　　　　　　　小键盘和计算器传票训练题

题号	起止页数	行次	合计数
1	第35~54页	（五）	
2	第46~65页	（二）	
3	第36~55页	（四）	
4	第59~78页	（一）	
5	第77~96页	（三）	
6	第45~64页	（四）	
7	第58~77页	（三）	
8	第27~46页	（五）	
9	第50~69页	（二）	
10	第63~82页	（三）	
11	第43~62页	（四）	
12	第15~34页	（三）	
13	第26~45页	（二）	
14	第48~67页	（一）	
15	第39~58页	（三）	
16	第67~86页	（四）	
17	第55~74页	（三）	
18	第68~87页	（五）	
19	第37~56页	（三）	
20	第30~49页	（二）	
21	第33~52页	（三）	
22	第73~92页	（二）	
23	第38~57页	（五）	
24	第42~61页	（二）	
25	第39~54页	（三）	
26	第56~75页	（一）	
27	第75~94页	（三）	
28	第47~66页	（四）	
29	第53~72页	（三）	
30	第28~47页	（五）	
31	第25~44页	（三）	
32	第45~64页	（四）	

续表

题号	起止页数	行次	合计数
33	第 23~42 页	（五）	
34	第 26~45 页	（二）	
35	第 42~61 页	（四）	
36	第 31~50 页	（二）	
37	第 54~73 页	（三）	
38	第 72~91 页	（五）	
39	第 32~51 页	（四）	
40	第 52~71 页	（三）	

四、实训准备

1. 小键盘和电子计算器每人各一台。
2. 签字笔每人一支。
3. 计时秒表。

五、实训程序

要求同学们根据实训资料，按照要求，用计算器和计算机小键盘对传票算训练题进行翻打传票鉴定训练。

六、实训设计

1. 实训形式：要求单人独立完成。
2. 实训时间：建议 2 个学时，每次 15 分钟，多次反复训练。
3. 实训成绩：测试成绩单。

七、等级标准

注意事项、等级设定、评分标准和题型、数量、鉴定时限及等级标准与实训四十二同。

实训四十六　小键盘和计算器翻打传票实训比赛

一、实训目标

通过本实训，使学生熟练掌握计算机小键盘和计算器翻打传票操作，能够快速翻打传票。

二、实训内容

进行小键盘和计算器翻打传票比赛。

三、实训资料

1. 比赛用传票每人一本。
2. 比赛试题。参加小键盘和计算器翻打传票比赛的同学每人一本传票,六张试卷。

(1) 小键盘和计算器翻打传票有规则比赛试题(一)至(三)每人3份,见表46-1至表46-3。

表46-1　　　　　小键盘和计算器翻打传票有规则比赛试题(一)

序号	起止页数	行　次	答　数
1	第1~20页	(一)	
2	第31~50页	(一)	
3	第51~70页	(一)	
4	第71~90页	(一)	
5	第81~100页	(一)	

表46-2　　　　　小键盘和计算器翻打传票有规则比赛试题(二)

序号	起止页数	行　次	答　数
1	第1~20页	(三)	
2	第31~50页	(三)	
3	第51~70页	(三)	
4	第71~90页	(三)	
5	第81~100页	(三)	

表46-3　　　　　小键盘和计算器翻打传票有规则比赛试题(三)

序号	起止页数	行　次	答　数
1	第1~20页	(五)	
2	第31~50页	(五)	
3	第51~70页	(五)	
4	第71~90页	(五)	
5	第81~100页	(五)	

(2) 小键盘和计算器翻打传票无规则比赛试题(一)至(三)每人3份,见表46-4至表46-6。

表 46-4　　　　小键盘和计算器翻打传票无规则比赛试题（一）

序号	起止页数	行　　次	答　　数
1	第 12~31 页	（三）	
2	第 56~75 页	（一）	
3	第 16~35 页	（二）	
4	第 39~58 页	（四）	
5	第 57~76 页	（五）	
6	第 15~34 页	（三）	
7	第 68~87 页	（一）	
8	第 17~36 页	（四）	
9	第 40~59 页	（三）	
10	第 53~72 页	（五）	

表 46-5　　　　小键盘和计算器翻打传票无规则比赛试题（二）

序号	起止页数	行　　次	答　　数
1	第 13~32 页	（二）	
2	第 58~77 页	（五）	
3	第 18~37 页	（四）	
4	第 42~51 页	（三）	
5	第 55~74 页	（三）	
6	第 14~33 页	（一）	
7	第 59~78 页	（五）	
8	第 27~46 页	（三）	
9	第 45~64 页	（一）	
10	第 43~62 页	（四）	

表 46-6　　　　小键盘和计算器翻打传票无规则比赛试题（三）

序号	起止页数	行　　次	答　　数
1	第 11~30 页	（五）	
2	第 52~71 页	（四）	
3	第 19~38 页	（三）	
4	第 32~51 页	（三）	
5	第 36~55 页	（一）	
6	第 25~44 页	（二）	
7	第 68~87 页	（四）	
8	第 20~39 页	（五）	
9	第 47~66 页	（二）	
10	第 33~52 页	（三）	

四、实训准备

1. 小键盘和计算器每人各一台。
2. 签字笔每人一支。
3. 计时秒表。

五、实训程序

要求根据实训资料,按照小键盘和计算器翻打传票有规则比赛试题(一)至(三)和无规则比赛试题(一)至(三)进行小键盘和计算器翻打传票比赛,正确填写答案。

六、实训设计

1. 实训比赛形式:要求单人独立完成。
2. 实训比赛时间:每份题限时 10 分钟。
3. 实训比赛成绩:比赛成绩单一张。

七、等级标准

注意事项、等级设定、评分标准和题型、数量、鉴定时限及等级标准与实训四十二同。

实训四十七 珠算和小键盘账表算实训

一、实训目标

通过本实训,使学生掌握小键盘正确的击键指法和小键盘数字录入操作方法和技巧;使用小键盘进行账表算的计算训练,练习击键的速度,提高小键盘的录入速度和计算准确率,在实践中能够快速地进行计算及辅助会计核算,提高工作效率;通过珠算和小键盘账表算训练,使手、脑、眼协调配合,提高运算速度,运用"合龙门"习题方式,自己检查运算是否正确。

二、实训内容

要求学生根据账表算训练试题训练(一)、(二),运用珠算和小键盘,能快速进行账表算数字盲打训练(见表47-1、表47-2)。

三、实训资料

账表算训练试题(一)、(二)。

表 47－1　　　　　　　　　　　账表算训练试题（一）

题号	（一）	（二）	（三）	（四）	（五）	合计
1	675,829	2,896,838	85,769,468	984,865	5,787,959	
2	8,598,649	7,375,476	5,678,489	3,590,567	3,284,849	
3	568,587	3,358,359	4,628,688	58,684,768	3,428,528	
4	4,365,365	1,712,256	5,563,482	838,456	－2,382,583	
5	8,985,677	65,378,978	586,963	7,795,315	3,873,976	
6	3,359,875	63,897,686	8,453,865	－5,785,524	37,843,486	
7	845,752	596,658	3,857,487	948,068	1,585,938	
8	256,558	3,468,528	28,459,635	547,625	－3,436,281	
9	59,185,248	368,895	694,789	9,236,582	－956,488	
10	4,145,785	343,587	8,565,418	－7,284,679	3,839,459	
11	684,549	36,843,487	867,895	6,585,962	8,361,598	
12	75,879,689	5,482,769	4,797,867	764,845	4,279,943	
13	7,356,486	5,756,392	3,678,509	865,756	－2,535,892	
14	3,487,958	874,675	735,648	225,459	3,718,373	
15	659,354	2,861,926	6,734,891	2,651,427	480,956	
16	57,568,189	396,523	18,688,906	9,278,453	5,756,685	
17	3,064,582	724,048	3,705,962	1,834,059	243,260	
18	239,496	9,056,293	6,386,955	－5,829,260	－2,375,195	
19	8,967,169	35,763,691	1,641,056	4,752,948	2,816,087	
20	5,957,306	3,945,049	2,848,306	15,548,389	6,764,053	
合计						

表 47－2　　　　　　　　　　　账表算训练试题（二）

题号	（一）	（二）	（三）	（四）	（五）	合计
1	1,675,873	296,838	65,769,568	384,861	7,587,953	
2	3,598,642	2,375,476	7,678,419	5,592,569	9,284,842	
3	668,589	5,358,754	8,628,680	78,685,768	－5,428,526	
4	4,365,368	3,719,256	2,563,482	－6,838,458	－3,382,580	
5	585,671	15,378,078	8,586,963	1,795,382	973,976	
6	2,359,875	73,897,686	6,453,865	－5,785,524	57,843,486	
7	5,845,752	896,658	3,857,487	－948,068	6,585,938	
8	456,508	9,468,528	78,459,635	2,647,625	－9,436,281	
9	39,185,248	868,895	2,694,789	7,236,582	－856,488	
10	5,145,785	7,543,587	3,565,418	－4,284,679	3,839,459	
11	3,784,549	86,843,487	967,895	5,585,962	561,598	
12	15,879,689	2,422,769	2,797,867	864,845	3,279,943	
13	2,306,487	3,750,372	5,678,503	－6,765,756	－3,505,892	
14	5,487,958	674,675	535,608	325,459	4,708,375	
15	2,359,354	6,861,216	3,734,891	－4,351,427	－9,280,656	
16	37,568,189	896,523	28,688,906	5,378,453	1,556,615	
17	2,064,582	2,724,048	1,705,922	2,834,059	5,343,260	
18	539,496	6,056,293	7,386,955	－3,829,465	－3,375,195	
19	5,967,169	75,763,691	3,641,056	2,757,946	5,818,087	
20	5,957,306	945,089	2,808,306	7,548,389	－8,765,673	
合计						

四、实训准备

1. 小键盘和算盘每人各一具。
2. 钢笔或签字笔。
3. 计时秒表。

五、实训程序

根据实训资料，要求如下：

1. 运用小键盘和算盘，对账表算试题（一）、（二）进行珠算和小键盘盲打实训，正确填写答案。
2. 运用"合龙门"习题方式自己检查是否运算正确。
3. 其他要求如下：

（1）工具摆放：账表摆放在左侧，珠算和小键盘放在右前方。
（2）计算顺序如下：①计算时先算横式，后算纵式，最后轧平；②先算纵式，后算横式，最后轧平；③按顺序答题，先横后纵，前表不算完，后表不计分。

六、实训设计

1. 实训形式：要求单人独立完成。
2. 实训时间：建议2个学时，每次10分钟，多次反复训练。
3. 实训成绩：测试成绩单。

七、注意事项

1. 每位同学两张账表，在运算过程中不得跳题，每跳一题，倒扣一题分数。
2. 更改答数必须将原答数用单线划去，重新写上新的答数，凡不用划线更正，任意涂改数字的作错题处理。
3. 小数点、分节号必须有明显区别，凡属小数点漏点或点错位置的作错题论，答题正确但分节号漏点或错点的，每三题扣1题分数。
4. 答数必须书写清楚，凡字迹过于潦草、老师确定无法辨认的作错题论，一题有两个答数的作错题论。

八、等级标准

1. 等级设定为：初级、中级、高级、能手级。
2. 评分标准。账表算每张表满分200分。账表纵向5题，每题14分，共计70分；横向20题，每题4分，共计80分，全卷合计150分；纵横轧平数正确，再加50分，共得200分。
3. 题型、数量、鉴定时限、等级标准见表47-3。

表 47-3　成绩考核等级标准

考题\得分\项目\级别	珠算、小键盘及计算器账表算试题（限时 10 分钟）			
	初级	中级	高级	能手级
珠算、小键盘及计算器账表算	100 分	120 分	140 分	200 分

实训四十八　珠算、小键盘及计算器账表算比赛

一、实训目标

通过本实训，使学生熟练掌握珠算、小键盘及计算器账表算的操作运算程序、方法和技巧；提高在实际工作中的应用能力，培养学生一丝不苟的工作作风。

二、实训内容

进行珠算、小键盘及计算器账表算的比赛。

三、实训资料

账表算比赛试题（一）至（六），见表 48-1 至表 48-6。参加珠算和小键盘账表比赛的同学每人 6 张账表。

四、实训准备

1. 算盘、小键盘及计算器每人各一具。
2. 签字笔每人一支。
3. 计时秒表。

五、实训程序

1. 运用珠算、小键盘及计算器，对账表算比赛试题（一）至（六）进行比赛，并通过"合龙门"计算方式检查运算是否正确。
2. 工具摆放：账表及计算工具的摆放位置：账表摆放在左侧，珠算、小键盘及计算器放在右前方。
3. 计算顺序：（1）计算时先算横式，后算纵式，最后轧平；（2）先算纵式，后算横式，最后轧平。

六、实训设计

1. 实训比赛形式：要求单人独立完成。
2. 实训比赛时间：每份题限时 10 分钟。

表 48-1 账表算比赛试题（一）

题号	（一）	（二）	（三）	（四）	（五）	合计
1	7,525,126	6,846,158	50,369,458	5,784,565	3,867,949	
2	8,598,145	925,416	671,486	-690,267	7,284,848	
3	968,584	9,358,759	4,628,687	18,684,091	-2,428,325	
4	3,865,315	3,912,256	6,653,489	438,452	5,682,489	
5	2,680,437	148,975	967,986	1,395,726	-973,365	
6	359,875	63,897,786	7,401,862	-685,264	-3,843,086	
7	3,145,352	8,760,258	257,486	6,748,978	6,980,638	
8	956,758	468,521	8,459,605	-5,847,625	-3,436,789	
9	5,145,248	7,568,894	7,594,789	236,981	-856,485	
10	345,789	683,589	5,865,489	-1,284,389	5,439,589	
11	884,548	26,843,489	861,894	3,105,961	-4,561,498	
12	65,879,189	742,689	837,507	164,849	-967,947	
13	7,256,486	2,756,293	278,589	-6,725,706	2,875,802	
14	3,487,258	834,673	3,530,648	625,489	318,373	
15	751,352	5,861,856	734,895	8,351,427	-580,856	
16	7,568,489	296,723	35,681,916	-5,678,453	6,956,783	
17	864,587	5,724,648	785,962	234,759	843,269	
18	2,439,406	136,513	47,386,954	-3,279,266	-4,675,193	
19	967,859	7,763,671	641,058	1,432,948	316,286	
20	1,557,336	945,349	3,548,726	-868,380	-3,764,759	
合计						

表 48-2 账表算比赛试题（二）

题号	（一）	（二）	（三）	（四）	（五）	合计
1	4,325,826	5,739,952	38,569,053	2,784,461	6,367,032	
2	6,518,349	356,806	672,483	-890,567	-3,280,869	
3	768,587	6,458,657	528,679	8,684,495	5,418,326	
4	2,465,875	712,568	6,843,089	638,452	-984,587	
5	72,680,436	548,987	356,906	-3,695,826	8,372,860	
6	659,972	37,897,648	3,485,862	-985,284	7,843,597	
7	3,545,357	634,759	9,617,485	7,448,972	-980,368	
8	37,956,158	4,368,527	28,459,263	-647,675	-5,436,587	
9	9,145,249	268,895	7,894,756	836,785	-2,756,485	
10	3,145,782	8,943,586	765,489	-5,284,639	9,709,689	
11	284,546	16,843,487	5,361,895	4,105,965	-8,461,498	
12	45,879,879	7,642,182	637,587	-2,864,849	-3,267,957	
13	856,485	956,295	3,578,569	7,835,985	-675,872	
14	5,487,259	2,764,674	935,648	425,437	3,618,373	
15	851,357	8,961,827	8,734,895	-6,751,835	-980,856	
16	37,568,484	6,296,742	58,681,917	-5,478,458	-6,356,682	
17	8,164,587	724,829	1,705,963	734,859	-843,267	
18	839,483	9,536,258	786,956	-7,319,267	4,975,592	
19	6,567,659	65,763,634	3,641,058	5,927,948	-2,716,785	
20	5,857,387	7,245,347	2,548,324	-3,548,387	1,964,489	
合计						

表 48-3　　　　　　　　　　　账表算比赛试题（三）

题号	(一)	(二)	(三)	(四)	(五)	合计
1	1,725,529	2,746,751	40,369,457	5,984,562	7,567,947	
2	3,598,947	625,418	2,671,484	-590,263	6,284,845	
3	368,586	8,558,356	7,928,688	28,684,092	-5,428,323	
4	5,765,316	1,652,258	3,983,487	938,453	-682,487	
5	786,435	4,348,973	568,917	-3,895,725	9,873,368	
6	7,638,872	73,897,184	6,401,865	385,205	-8,843,189	
7	9,686,353	5,953,157	857,487	-3,248,973	9,780,536	
8	547,153	968,525	5,459,608	8,347,629	-1,436,087	
9	9,725,249	4,368,896	594,784	836,983	-656,789	
10	785,784	363,586	7,965,481	-7,184,362	6,539,875	
11	986,592	36,843,497	4,861,834	7,605,985	-461,586	
12	5,867,183	6,142,672	917,592	-364,786	7,627,947	
13	8,562,405	956,275	6,478,584	6,735,978	845,873	
14	3,485,239	8,654,627	38,730,691	925,480	9,318,732	
15	7,849,371	861,879	5,634,826	-851,463	-4,580,891	
16	57,567,479	296,325	7,681,963	5,378,494	856,687	
17	2,357,586	7,624,193	25,705,978	-734,837	-6,943,243	
18	542,469	926,258	4,386,972	829,267	875,542	
19	5,389,172	25,763,265	8,641,487	-2,732,984	4,694,287	
20	7,273,368	6,845,373	4,948,396	1,348,963	-3,764,385	
合计						

表 48-4　　　　　　　　　　　账表算比赛试题（四）

题号	(一)	(二)	(三)	(四)	(五)	合计
1	2,653,126	3,846,158	50,369,458	6,784,653	23,753,765	
2	8,578,145	325,416	671,486	-590,987	2,289,592	
3	798,584	6,358,159	4,628,687	38,684,504	-8,754,853	
4	6,373,315	512,256	853,489	438,935	-4,652,961	
5	3,287,437	848,975	766,916	8,295,827	-963,504	
6	376,875	63,897,186	7,401,862	-685,876	57,485,825	
7	14,965,352	269,758	957,486	9,648,253	3,593,934	
8	874,758	7,468,521	8,459,605	-547,526	-3,475,793	
9	9,456,248	568,894	7,194,789	2,836,973	-4,782,627	
10	2,973,789	213,589	3,465,489	-1,284,792	285,954	
11	938,548	26,843,489	861,894	-3,105,586	-756,893	
12	2,386,189	2,842,189	5,957,597	164,936	2,587,687	
13	975,486	756,293	478,589	625,928	942,659	
14	3,492,258	384,673	6,830,648	-2,785,742	-5,396,675	
15	787,352	5,861,826	734,895	351,695	-876,489	
16	47,759,489	696,123	48,681,916	-478,718	8,341,375	
17	587,689	7,824,648	6,785,962	1,934,586	-3,587,926	
18	5,579,406	586,213	386,954	-5,829,347	-696,578	
19	748,852	45,763,671	4,641,756	-612,829	2,849,837	
20	2,395,376	3,745,349	848,326	3,148,953	-4,798,653	
合计						

表48-5　账表算比赛试题（五）

题号	（一）	（二）	（三）	（四）	（五）	合计
1	4,725,123	868,195	50,365,837	4,795,565	6,367,949	
2	8,598,146	6,963,965	-784,921	-589,267	2,284,848	
3	468,585	392,762	603,693	38,673,091	27,428,328	
4	4,365,317	872,861	-3,874,529	-5,456,452	-3,982,489	
5	32,580,435	5,368,964	983,752	573,724	-3,873,365	
6	759,878	3,864,576	9,475,386	-7,608,257	58,843,186	
7	8,145,356	594,456	-838,086	395,978	-6,780,368	
8	2,956,159	472,742	6,489,825	-2,975,625	-3,436,089	
9	8,145,264	8,762,863	-4,843,917	849,581	-856,749	
10	5,145,787	476,748	976,738	-3,827,309	7,639,537	
11	984,543	26,873,872	9,838,752	3,465,961	-2,861,498	
12	75,879,632	582,897	-526,956	878,349	527,948	
13	4,156,489	6,796,345	-2,583,854	-1,996,706	-5,715,809	
14	26,487,254	2,785,694	975,036	15,765,409	2,318,573	
15	251,353	834,975	3,843,746	685,427	7,980,856	
16	47,568,487	6,753,768	51,639,823	-823,453	-2,356,683	
17	8,164,585	976,842	752,945	1,952,159	-6,843,269	
18	5,639,483	3,592,851	-2,345,978	-598,296	437,597	
19	867,756	45,785,893	683,936	3,264,948	-5,816,731	
20	6,957,682	8,749,658	-5,868,793	-4,838,389	-3,464,848	
合计						

表48-6　账表算比赛试题（六）

题号	（一）	（二）	（三）	（四）	（五）	合计
1	5,725,376	2,546,158	87,395,153	5,784,562	7,568,965	
2	32,598,486	3,725,976	4,275,486	8,193,569	6,284,632	
3	568,973	4,558,859	838,487	58,684,694	-3,428,829	
4	1,365,782	6,872,156	6,383,586	-3,438,456	-782,389	
5	658,437	7,848,962	868,783	695,780	-2,964,893	
6	5,759,805	33,897,986	7,461,893	-5,385,274	8,843,582	
7	545,752	2,967,053	15,457,482	-8,748,987	7,464,725	
8	13,256,458	768,526	8,459,295	-1,847,625	-4,436,972	
9	9,145,248	3,568,894	694,837	35,536,582	-626,435	
10	6,745,619	923,589	5,965,786	-2,284,369	9,839,687	
11	684,767	6,843,596	761,895	6,105,973	-5,761,892	
12	7,879,585	342,687	3,567,587	4,964,845	-1,287,963	
13	956,786	2,956,593	7,638,584	-615,786	7,165,982	
14	35,487,659	1,694,675	2,852,648	8,125,487	-6,318,674	
15	6,953,752	967,823	634,872	659,425	-2,782,851	
16	7,568,489	3,496,723	8,681,982	-4,378,453	-956,683	
17	75,164,582	524,148	785,962	25,234,687	-3,843,286	
18	239,406	4,756,213	4,386,954	9,387,268	975,295	
19	86,457,259	2,763,675	12,641,356	-852,948	-516,784	
20	3,957,936	8,145,349	3,758,928	-6,748,259	-5,364,879	
合计						

3. 实训比赛地点：会计技能实训室。

4. 实训比赛成绩：比赛成绩单一张。

注意事项、等级设定、评分标准和题型、数量、鉴定时限及等级标准与实训四十七同。

七、等级标准

注意事项、等级设定、评分标准和题型、数量、鉴定时限及等级标准与实训四十七同。

实训四十九　珠算、计算器及小键盘票币计算比赛

一、实训目标

通过比赛，使学生能运用心算方法，熟练掌握用算盘和计算器及小键盘进行票币计算，达到快速运算的目的。

二、实训内容

进行算盘和计算器及计算机小键盘票币计算比赛。

三、实训资料

票币计算比赛题（一）至（四），见表49-1至表49-4。

表49-1　　　　　　　　　票币计算比赛题（一）

序号	各种面额券张（枚）数												金额（元）
	100元	50元	20元	10元	5元	2元	1元	5角	2角	1角	5分	2分	1分	
1	97	98	79	78	76	87	68	38	85	85	58	65	76	¥
2	98	82	66	92	89	88	26	98	78	57	86	87	81	¥
3	67	79	56	85	69	97	79	75	98	78	69	73	68	¥
4	58	98	78	99	86	38	77	69	88	85	87	45	75	¥
5	97	87	57	68	37	87	89	58	46	76	81	66	87	¥
6	96	87	78	78	93	81	59	78	72	98	69	72	35	¥
7	63	72	85	84	73	73	98	94	91	85	88	75	89	¥
8	89	66	78	75	58	69	78	72	89	97	88	87	56	¥
9	85	79	68	91	83	95	82	69	57	76	87	87	88	¥
10	68	56	76	98	79	58	29	92	86	82	99	86	75	¥
11	98	78	98	78	93	68	95	58	77	89	97	79	98	¥
12	85	72	97	79	85	89	32	57	89	88	82	87	78	¥
13	86	68	93	98	79	95	86	93	88	95	76	98	76	¥
14	95	67	58	83	76	98	78	45	68	89	79	96	86	¥
15	87	79	69	67	95	85	88	98	89	65	78	85	96	¥
16	96	78	84	65	69	88	86	78	88	82	89	57	87	¥
17	87	56	57	86	97	97	89	95	68	58	79	78	78	¥
18	35	76	86	75	92	38	97	89	68	84	67	95	85	¥
19	28	86	78	91	55	82	69	98	76	96	85	96	83	¥
20	93	78	62	83	58	87	69	78	92	68	89	92	75	¥

表 49-2　　　　　　　　　　　票币计算比赛题（二）

序号	各种面额券张（枚）数												金额（元）
	100元	50元	20元	10元	5元	2元	1元	5角	2角	1角	5分	2分	1分	
1	68	58	89	98	86	77	48	88	95	55	98	97	56	¥
2	96	87	68	96	79	89	66	99	88	97	83	95	86	¥
3	87	89	76	65	89	67	89	95	93	98	89	78	98	¥
4	68	98	58	79	84	68	37	89	97	88	57	85	65	¥
5	77	97	87	78	67	89	59	68	96	85	89	57		¥
6	76	69	78	75	68	86	89	78	98	58	49	76	85	¥
7	69	78	87	87	93	75	68	84	96	88	98	65	59	¥
8	69	67	88	95	68	79	58	78	59	87	98	67	96	¥
9	87	89	78	94	87	92	86	79	87	96	67	89	98	¥
10	78	95	86	68	89	68	59	97	76	86	89	86	95	¥
11	58	88	78	98	98	78	85	68	87	79	86	89	84	¥
12	95	78	95	89	86	99	52	87	79	38	85	67	98	¥
13	56	78	83	88	72	85	89	83	98	97	75	85	96	¥
14	75	87	68	89	86	68	98	75	98	79	89	96	87	¥
15	69	89	99	87	55	75	98	78	69	68	79	75	86	¥
16	76	98	86	75	39	68	76	98	82	84	79	59	97	¥
17	77	86	97	66	87	76	85	75	68	98	89	94	68	¥
18	85	96	87	95	83	58	87	79	93	74	97	85	95	¥
19	78	96	98	96	75	84	79	68	86	76	75	86	83	¥
20	95	78	69	89	58	87	59	98	95	89	59	96	98	¥

表 49-3　　　　　　　　　　　票币计算比赛题（三）

序号	各种面额券张（枚）数												金额（元）
	100元	50元	20元	10元	5元	2元	1元	5角	2角	1角	5分	2分	1分	
1	78	68	59	78	84	57	88	98	73	85	92	57	38	¥
2	66	89	68	86	69	99	86	59	28	91	89	72	89	¥
3	47	79	68	95	89	87	82	85	63	92	49	98	28	¥
4	58	93	78	59	86	78	57	89	72	98	97	82	75	¥
5	87	91	57	98	64	39	51	78	95	82	95	85	37	¥
6	96	49	58	72	98	81	79	98	38	55	69	73	15	¥
7	59	75	37	81	63	45	88	94	76	58	91	52	49	¥
8	39	67	98	75	62	19	52	28	49	57	88	27	94	¥
9	57	81	38	74	83	72	89	39	57	91	87	39	97	¥
10	58	93	85	48	83	78	68	67	76	83	74	81	45	¥
11	58	82	58	92	93	58	82	98	87	69	96	89	54	¥
12	45	98	75	79	84	89	82	82	79	35	85	67	98	¥
13	76	74	89	88	92	75	95	83	97	92	75	78	86	¥
14	72	97	78	69	76	48	68	85	98	79	89	96	98	¥
15	89	62	89	37	95	91	87	98	69	68	39	75	76	¥
16	78	93	81	49	69	48	36	58	87	84	93	69	97	¥
17	79	76	47	86	64	56	87	65	38	72	69	84	86	¥
18	95	58	27	65	53	98	95	93	86	94	57	95	85	¥
19	98	56	93	76	37	81	53	68	86	96	35	82	68	¥
20	75	62	89	59	98	57	79	75	85	84	69	86	78	¥

表 49-4　　　　　　　　　　票币计算比赛题（四）

序号	各种面额券张（枚）数												金额（元）
	100元	50元	20元	10元	5元	2元	1元	5角	2角	1角	5分	2分	1分	
1	67	48	89	96	75	97	78	68	75	95	68	95	83	¥
2	88	62	76	67	39	68	96	68	98	87	96	79	96	¥
3	57	89	86	65	79	87	59	85	68	98	89	93	87	¥
4	68	98	98	79	66	58	97	79	48	95	97	85	39	¥
5	87	37	67	85	87	97	49	88	86	56	91	86	97	¥
6	76	87	98	93	67	51	39	98	92	83	89	92	96	¥
7	43	52	85	59	83	63	68	74	81	75	98	65	29	¥
8	69	76	68	65	78	98	98	82	79	87	78	98	46	¥
9	35	89	98	81	93	95	92	89	67	96	94	97	98	¥
10	78	66	96	68	79	58	79	72	46	95	89	76	85	¥
11	88	88	78	58	93	68	85	89	97	79	87	89	78	¥
12	57	72	57	89	75	89	62	97	59	68	92	97	96	¥
13	35	68	83	38	89	95	76	73	78	55	68	58	86	¥
14	67	87	68	63	86	98	87	65	98	79	98	86	93	¥
15	92	39	79	97	75	85	98	78	79	85	96	75	87	¥
16	76	98	64	85	59	86	76	98	58	93	79	67	97	¥
17	95	84	97	79	97	98	59	95	89	68	93	91	38	¥
18	81	56	56	85	83	38	79	94	78	94	87	78	95	¥
19	59	75	89	81	85	82	98	78	96	76	95	86	63	¥
20	85	92	72	93	68	87	89	87	62	85	49	63	91	¥

四、实训准备

1. 算盘和计算器及小键盘每人各一具。
2. 钢笔或签字笔每人一支。
3. 计时秒表。

五、实训程序

要求根据比赛资料票币计算比赛题（一）至（四）进行票币运算，正确填写答案。

六、实训设计

1. 实训比赛形式：要求单人独立完成。
2. 实训比赛时间：每份题限时 10 分钟。
3. 实训比赛地点：会计技能实训室。
4. 实训比赛成绩：比赛成绩单一张。

七、点钞评分标准及注意事项

1. 答案准确，数字书写清晰、规范，每题 5 分，满分 100 分。
2. 出现下列情况之一的不计成绩：
（1）整数部分没有三位分节的；
（2）小数点后角分如无有效数字时，却没有以零补齐的；

(3) 不听口令抢先操作延长时间的。

点钞评分标准见表 49-5。

表 49-5　　　　　　　　　　　比赛成绩考核等级标准

项目 \ 得分 \ 级别 \ 考题	珠算和计算器及小键盘票币计算考题（限时 10 分钟）			
	初级	中级	高级	能手级
珠算和计算器及小键盘票币计算实训	12 题正确/60 分	16 题正确/80 分	18 题正确/90 分	20 题正确/100 分

实训五十　小键盘和计算器票币计算比赛

一、实训目标

通过比赛，使学生能运用心算方法，熟练掌握用计算机小键盘和计算器进行票币计算，达到快速运算的目的。

二、实训内容

进行计算机小键盘和计算器票币计算比赛。

三、实训资料

票币计算比赛试题（一）至（四）。

表 50-1　　　　　　　　　　票币计算比赛试题（一）

序号	各种面额券张（枚）数												金额（元）
	100 元	50 元	20 元	10 元	5 元	2 元	1 元	5 角	2 角	1 角	5 分	2 分	1 分	
1	95	93	76	98	74	89	98	78	87	88	28	69	78	¥
2	91	72	86	94	69	83	76	95	68	97	82	85	89	¥
3	37	59	68	87	39	87	61	94	58	88	79	93	62	¥
4	78	95	18	92	76	68	78	39	85	35	82	65	78	¥
5	93	85	67	65	67	87	49	78	68	56	87	68	89	¥
6	92	67	81	98	97	85	69	38	75	96	79	89	65	¥
7	68	74	75	89	79	63	97	84	97	53	86	73	69	¥
8	49	68	73	65	88	99	71	62	49	87	87	37	59	¥
9	84	69	78	98	81	75	87	89	27	86	85	97	38	¥
10	62	76	96	92	19	53	79	95	82	92	91	76	85	¥

续表

序号	各种面额券张（枚）数												金额（元）
	100元	50元	20元	10元	5元	2元	1元	5角	2角	1角	5分	2分	1分	
11	93	68	48	98	96	78	91	78	37	85	87	69	97	¥
12	84	62	96	78	89	79	38	67	79	89	62	97	58	¥
13	82	78	94	82	77	85	96	63	89	96	86	78	79	¥
14	98	87	59	93	73	88	98	65	78	99	73	86	76	¥
15	27	49	79	69	85	95	98	68	99	67	98	55	86	¥
16	76	98	86	75	99	98	81	97	89	83	87	67	85	¥
17	89	66	50	96	87	37	89	96	67	48	69	98	48	¥
18	65	96	82	79	97	68	92	87	98	74	57	96	89	¥
19	78	86	73	97	65	87	65	95	78	98	86	99	87	¥
20	95	75	67	87	68	77	99	68	93	78	69	98	95	¥

表50-2　　　　　　　票币计算比赛试题（二）

序号	各种面额券张（枚）数												金额（元）
	100元	50元	20元	10元	5元	2元	1元	5角	2角	1角	5分	2分	1分	
1	62	88	82	78	81	87	68	88	85	75	93	91	76	¥
2	93	97	78	86	73	59	86	99	89	87	93	85	96	¥
3	98	79	89	95	79	69	99	95	73	99	69	98	68	¥
4	68	38	68	99	85	78	57	89	87	78	67	84	85	¥
5	79	87	83	48	87	29	69	68	76	56	75	69	97	¥
6	96	79	98	95	98	76	79	78	88	68	89	79	95	¥
7	89	98	67	57	95	95	98	84	46	89	88	85	79	¥
8	79	77	98	93	78	69	48	78	58	79	78	97	96	¥
9	89	39	78	74	87	95	96	79	79	56	87	69	98	¥
10	88	85	89	98	85	78	74	97	86	96	99	87	85	¥
11	78	98	68	91	98	98	89	68	97	89	87	99	87	¥
12	95	68	75	59	86	49	72	87	69	68	58	87	89	¥
13	76	98	87	78	92	89	69	83	88	87	79	57	65	¥
14	95	57	98	85	84	78	92	75	78	89	39	79	78	¥
15	79	69	69	47	85	95	88	78	89	98	99	85	76	¥
16	86	38	89	85	99	87	96	98	87	54	69	79	92	¥
17	97	76	57	96	83	96	57	75	98	48	80	98	78	¥
18	55	86	81	65	87	59	89	19	83	75	93	75	96	¥
19	68	96	78	86	65	94	73	68	96	86	95	56	87	¥
20	85	68	62	79	68	67	69	98	65	39	19	86	68	¥

表50-3　　　　　　　　　　　票币计算比赛试题（三）

序号	各种面额券张（枚）数													金额（元）
	100元	50元	20元	10元	5元	2元	1元	5角	2角	1角	5分	2分	1分	
1	98	78	69	58	89	67	98	78	83	95	87	67	98	¥
2	86	92	78	98	79	89	96	89	78	96	69	78	69	¥
3	67	99	87	95	89	85	87	29	65	97	73	98	78	¥
4	68	95	98	69	96	98	68	99	82	92	87	87	95	¥
5	85	97	67	95	68	89	98	88	97	89	96	95	67	¥
6	95	89	88	92	87	84	69	97	68	95	49	79	95	¥
7	89	78	57	89	83	65	98	74	76	68	97	92	99	¥
8	69	87	78	95	68	79	59	68	89	97	98	97	84	¥
9	67	89	78	94	63	78	84	89	97	95	97	69	87	¥
10	78	83	87	68	89	38	85	97	86	39	76	87	95	¥
11	98	79	78	98	95	78	87	88	59	89	86	69	94	¥
12	85	95	96	89	87	69	81	72	99	65	75	87	58	¥
13	86	79	49	98	97	15	95	87	67	98	85	98	76	¥
14	79	92	88	79	86	68	98	87	95	89	99	76	81	¥
15	89	69	89	87	75	98	97	78	64	98	59	95	86	¥
16	73	83	91	79	19	68	86	78	82	94	96	79	87	¥
17	89	86	92	81	68	76	97	65	48	70	68	87	96	¥
18	97	98	97	68	93	92	85	97	89	95	67	98	87	¥
19	95	59	96	86	76	88	73	69	98	76	85	82	63	¥
20	85	82	87	69	89	67	89	95	84	83	79	89	98	¥

表50-4　　　　　　　　　　　票币计算比赛试题（四）

序号	各种面额券张（枚）数													金额（元）
	100元	50元	20元	10元	5元	2元	1元	5角	2角	1角	5分	2分	1分	
1	87	68	59	86	72	94	78	67	79	98	78	97	80	¥
2	89	82	79	77	89	69	86	98	87	97	36	99	96	¥
3	97	79	82	85	95	57	56	89	78	92	79	95	97	¥
4	88	92	96	75	62	83	87	79	68	75	95	84	89	¥
5	87	69	87	89	82	87	69	87	83	76	97	76	92	¥
6	56	85	98	97	67	71	89	58	95	87	82	82	98	¥
7	83	53	83	89	87	68	78	79	84	95	78	85	79	¥
8	68	86	69	81	97	98	88	86	89	67	98	93	86	¥
9	75	19	78	73	96	79	52	99	97	86	95	93	78	¥
10	98	87	86	68	89	84	99	78	76	85	91	86	95	¥
11	69	98	68	75	92	98	87	59	87	49	89	99	18	¥
12	97	79	67	99	78	29	82	90	69	78	97	78	72	¥
13	85	62	48	78	99	98	36	78	79	85	86	68	89	¥
14	68	97	78	93	64	83	97	62	98	73	78	96	53	¥
15	96	89	99	87	79	85	78	98	72	95	89	95	81	¥
16	75	91	65	82	51	26	79	78	68	73	86	87	93	¥
17	85	76	90	59	47	92	53	85	99	48	97	95	68	¥
18	81	56	58	74	83	48	89	98	87	84	80	79	98	¥
19	59	75	79	81	85	87	91	98	93	86	35	85	69	¥
20	85	92	84	93	68	85	87	57	82	92	89	53	87	¥

四、比赛准备

1. 计算机小键盘及计算器,每人各一具;
2. 钢笔或签字笔每人一支;
3. 计时秒表。

五、比赛程序

要求根据实训资料票币计算比赛试题(一)至(四)进行票币运算,正确填写答案。

六、比赛设计

1. 实训比赛形式:要求单人独立完成;
2. 实训比赛时间:每份题限时 10 分钟;
3. 实训比赛地点:会计技能实训室;
4. 实训比赛成绩:比赛成绩单一张。

七、点钞评分标准及注意事项

注意事项、等级设定、评分标准和题型、数量、鉴定时限及等级标准与实训四十九同。